ローザの子供たち、

あるいは

資本主義の不可能性

世界システムの思想史

Kunihiko Uemura
植村邦彦

平凡社

ローザの子供たち、あるいは資本主義の不可能性✣目次

ローザの子供たち、あるいは資本主義の不可能性——世界システムの思想史

引用に際しては、既訳がある場合にはおおむねこれを尊重したが、原文に照らして一部変更した場合がある。なお、引用文中の〔　〕は筆者による挿入である。

序章　ハンナ・アーレントとローザ・ルクセンブルク

二〇一三年一〇月、東京の岩波ホールで映画『ハンナ・アーレント』が上映された。二〇一三年一一月一二日付の『東京新聞』の記事「『ハンナ・アーレント』異論貫く生涯　共感」によれば、岩波ホールでは約一〇年ぶりに初日から二日連続で満席の観客を集め、その後も観客の行列が出る盛況となった。映画の内容と関係するアーレントの著作『イェルサレムのアイヒマン』（大久保和郎訳、みすず書房、一九六九年）も、映画公開から二〇〇〇部が増刷されたという。

この映画（原題 *Hannah Arendt*）は二〇一二年制作のドイツ・ルクセンブルク・フランス合作映画で、監督はかつての「New German Cinema」（一九六〇年代から一九八〇年代にかけてのドイツ映画の新しい波）の旗手マーガレッテ・フォン・トロッタ、主演はバーバラ・スコヴァで、スコヴァはこの作品で二〇一三年のドイツ映画賞主演女優賞とバイエルン映画祭主演女優賞を受賞した。この同じ監督と主演女優のコンビの映画には、すでに一九八五年制作のドイツ映画『ローザ・ルクセンブルク』（原題 *Die Geduld der Rosa Luxemburg*）があり、スコヴァはこの作品でも一九八六年のドイツ映画賞主演女優賞とカンヌ映画祭主演女優賞を受賞している。

全体主義批判で有名な政治哲学者ハンナ・アーレントと、ドイツ共産党の創設者で革命家だったローザ・ルクセンブルク、という取り合わせには意外な感を抱く人もいるかもしれない。しかし、アーレント研究者の矢野久美子は、著書の中で晩年のアーレントの次のような発言を紹介している。

一九七二年一一月、カナダのトロントで「アーレントの仕事」と題する会議が開催されたときのことである。

アーレントはまた、ローザ・ルクセンブルクを例にあげて、「世界のなかの不正義に耐えられなかった」ルクセンブルクは、「はげしく世界にかかわり、自分自身にはまったく関心をもたなかった」と述べた。公的な行為で重要となるのは、名誉や正義といった「公的」とされるものの基準ではなく、「自分にではなく世界とかかわる」ということだった。（矢野［2014］二二四頁）

これに続けて矢野は、「政治家であるローザ・ルクセンブルクとは程度は異なるが、アーレント自身が公的に発言したときも、賭けられていたのは「世界」だったはずだ。そのために傷つくこともあったのを、私たちは見てきた。また、その公的なものや世界は中心化されたものではけっしてなく、人びとの語り合いや行為によって生み出されるものだった」（同上）とコメントしている。

矢野は「政治家であるローザ・ルクセンブルク」と書いているが、アーレントの読者なら知っているように、アーレントにとってルクセンブルクは何よりも一九一三年に出版された『資本蓄積論――帝国主義の経済的説明への一寄与』（Luxemburg [1913]）の著者であり、「帝国主義」を批判的に分析した理論家だった。アーレントの初期の大作『全体主義の起源』（英語版一九五一年、ドイツ語版一九五五年）は、第一部「反ユダヤ主義」、第二部「帝国主義」、第三部「全体主義」の三部構成になっているが、第二部での帝国主義の理論的な説明は、ほぼ全面的に『資本蓄積論』に依拠したものである。

アーレントは、「帝国主義」について次のように説明している。

帝国主義時代の序曲となった深刻な恐慌と不況の時期が産業資本家たちに教えたことは、今後は「剰余価値の実現は第一条件として、資本主義社会以外の購買者の一団を必要とする」ということだった。需要と供給が一国の範囲内で調整され得たのは、資本主義制度が住民のすべての階層を支配するに至らないうち、つまり資本主義制度がその全生産能力を発揮し切らないうちのことだった。資本主義が自国の経済生活・社会生活の全組織に滲透し、住民の全階層が資本主義によって決められた生産と消費のシステムの中に組み込まれてしまったとき初めて、「資本主義的生産は最初から、その運動形態および運動法則において、生産諸力の宝庫としての全地球を計算に入れて」いたこと、そして、停止すれば全体制の崩壊となるほかはない蓄積の運動は、未だ資本主義に組み込まれていない領土、それ故に原料と商品市場と労働市場の資本主義化の過程を進め得る新しい領土を絶えず必要とすることが、明らかとなった。

（Arendt [1986] S. 333-334. 四三―四四頁）

この文中にカギカッコでくくられた文章が二つあるが、いずれも『資本蓄積論』からの引用である（Luxemburg [1975a] S. 300, 307. 下四一二、四二〇頁）。アーレントの「帝国主義」認識が、ルクセンブルクの議論に大きく依拠したものであり、彼女の議論を敷衍したものであることがよくわかる。

この個所にアーレントは注を付けており、そこで次のようにルクセンブルクへの高い評価を明らかにしている（この注の文章はドイツ語版の方が英語版より詳しい。邦訳はドイツ語版からの翻訳である）。

帝国主義に関する書物のうちでは、ローザ・ルクセンブルクの労作ほどの卓越した歴史感覚に導かれたものはおそらく例がない。彼女は研究を進めるうちにマルクス主義とはその正統派・修正派のいずれを問わず一致し得ない成果に到達したのだが、彼女は身につけたマルクス主義の武器を捨て切れなかったために、彼女の著作は断片の寄せ集めのままに終っている。そして彼女の著作はマルクス主義者もその反対者もどちらも満足させることができなかったため、ほとんど注目を浴びぬままになっている。（Arendt [1986] S. 334-335. 四五頁）

このように〈例外的な卓越さをもちながら、ほとんど注目を浴びることのなかった孤独な理論家〉というルクセンブルク像には、アーレント自身の当時の自画像が反映されているように思われる。理論的な自負と、それにもかかわらずまだ社会的に十分評価されていないという自覚に起因する孤立感。しかし、アーレントは、その十数年後の『暗い時代の人々』（一九六八年）では、このルクセンブルク像に修正を加えている。

そこでのアーレントの描写によれば、ルクセンブルクには「マルクス主義に対する個人的な献身」が欠如していて、友人に宛てて、「今私は多大に賞賛されているマルクスの『資本論』第一巻にうんざりしています。ヘーゲル流の手の込んだロココ風の装飾に満ちているからです」と書き送るほどだったが、他方で「彼女が最も重視したのは現実、すなわちその驚嘆すべき側面とその恐るべき側面のすべてであって、それは革命それ自体をもうわまわっていた。彼女の非正統性とは無邪気で、非論争的なものであった」(Arendt [1968] p. 39. 六五頁)。

アーレントが引用したのは、ルクセンブルクが一九一七年三月八日に年少の友人ハンス・ディーフェンバッハに書き送った手紙の一節だが、アーレントが引用した文章にすぐ続けて、ルクセンブルクはさらにこう書き加えている。「こんなことをいうと、党的立場からみれば、五年の懲役と十年の党員資格停止に処せられます」(Luxemburg [1984] S. 187. 二七五頁)。彼女が、自分自身マルクス主義的社会主義政党(ドイツ社会民主党)の一員でありながら、一種の宗教と化したマルクス主義からは自覚的に距離を置いていたこと、しかもそのことを隠そうとしなかったことがよくわかる。

この『暗い時代の人々』でも、アーレントは、ルクセンブルクの特質は「すべて『資本蓄積論』に最も明瞭に現われて」いると断言している。アーレントによれば、この「才気あふれた特異な作品」の中で、ルクセンブルクは、資本主義の強靭さを再認識して「その存続と成長を説明づける外的要因を探し始め」、それを「成長過程は単に資本主義的生産を支配する固有の法則の結果であるばかりでなく、「資本主義」に捉えられ、その影響範囲にはまりこんだ国のなかに前資本主義的領域が依然存在していることの結果でもある、という事実のなかに見出した」のである。アーレントは、『資本蓄積論』の理論的核心を次のように要約している。

それゆえ、資本主義はそれ自体の矛盾を生み出し、「みずからのなかに革命を準備する」ような閉じた体制ではない。それは外部の諸要因を餌食とするのであり、地球全体が征服され、食いつくされてはじめて、その自動的な崩壊が起こりうるのである。

（Arendt [1968] pp. 39-40. 六五―六六頁）

そのような理論が当時としては独創的で、それゆえ異端的なものだったこと、したがってマルクス主義の「正統派」からは厳しい批判を浴びせられたことを、ここでもアーレントは強調している。

レーニンは、こうした記述がその長所あるいは短所はともかく、本質的に非マルクス主義的であることをすばやくみてとった。それはマルクス・ヘーゲル的弁証法そのものと矛盾する。この弁証法によれば、あらゆるテーゼはみずからのアンチテーゼを創り出さざるをえず――ブルジョワ社会はプロレタリアートを創出する――、それゆえに運動は全過程を通じてそれを生じさせた最初の要因に拘束されたままとなる。レーニンは唯物弁証法の立場から「資本主義的拡大再生産は一個の完結した経済の内部では不可能であり、それが機能するためには他の経済を利用することを必要とする、という彼女のテーゼは〔……〕「基本的な誤り」である」と指摘した。ただ問題なのは、抽象的マルクス主義理論では誤りとされるものも、事実を現実にあるがままにすぐれて忠実に記述したものであったということにある。

（ibid. p. 40. 六六―六七頁）

この『暗い時代の人々』を出版した一九六八年には、アーレントはすでに『イェルサレムのアイヒマン――悪の陳腐さについての報告』の出版（一九六三年）が引き起こした激しい非難と論争を経験していた。彼女のこの本は、アウシュヴィッツでのユダヤ人虐殺に関与した責任者の一人として逮捕されたナチ（国民社会主義ドイツ労働者党 NSDAP）の親衛隊将校アドルフ・アイヒマンの裁判を傍聴したレポートだが、「極悪人」であるはずのアイヒマンをひたすら自分の仕事に忠実に従った小心な凡人として描いたために、イスラエルとアメリカのユダヤ人社会から激しい非難を浴びることになった。

先ほど見たように、『全体主義の起源』で提示されたルクセンブルク像は、〈例外的な卓越さをもちながら、ほとんど注目を浴びることのなかった孤独な理論家〉というものだった。しかし、『暗い時代の人々』ではそうではない。ここでは、ルクセンブルク像はむしろ〈正当に理解されずに非難された孤独な思想家〉へと変化している。「注目を浴びることがなかった」のではなく、むしろ逆に「注目を浴びた」のだが、それは正当な評価とはほど遠い非難の集中だった、ということである。しかも、ルクセンブルクの場合もアーレント自身の場合も、その非難は、思想的・政治的に同志であるはずの人々、あるいは友人だった人々からのものだった。

ここには、明らかにこの時点でのアーレント自身の経験と実感が重ね合わせられている。ルクセンブルクは、アーレントにとってはほぼ親の世代にあたるが、ドイツ語で思考し著作したユダヤ人女性として、いつも自分自身を投影して考える対象だった、ということがよくわかる。

ここで、このようなアーレントのいくつかの発言から改めて確認しておきたいのは、彼女が最も高く評価したルクセンブルクの著作は『資本蓄積論』だったということである。そしてこれこそは、マルクスの『資本論』を正面から批判したために、そしてその論理が「非マルクス主義的」だと判定されたために、一九一三年の出版以降ほぼ半世紀にわたって同時代の正統派マルクス主義者から最も激しく批判され、「基本的な誤り」という烙印を押された著作だった、ということである。

それに対して、アーレントは別にすれば、『資本蓄積論』の本格的な再評価が始まるのは一九六〇年代以降のことである。そして、その再評価の担い手となったのが、後に「世界システム論」という名前でくくられる世界認識の理論を構築していった人々だった。私が「ローザの子供たち」と呼ぶのは、そのような人々のことである。『資本蓄積論』という「才気あふれた特異な作品」が「世界システム論」の主唱者たちにどのように読まれ、継承されたのか、それが本書のテーマとなる。しかし、まずは、ルクセンブルクの思想を確認することから始めよう。

第一章　ルクセンブルク——資本主義の不可能性

1 ルクセンブルクのマルクス批判

ローザ・ルクセンブルクは、一八七一年にロシア帝国領だったポーランドのザモシチで同化ユダヤ人商人の末娘として生まれた。すでに高校時代に社会主義運動に加わり、一八歳のときに逮捕の危険を逃れてスイスへ亡命し、チューリヒ大学で哲学や国家学を学びながら、一八九三年にはポーランド王国社会民主党の創設に加わった。一八九八年にチューリヒ大学に学位論文『ポーランドの産業的発展』(Luxemburg [1898]) を提出して学位を取得、その後ドイツの市民権を得てベルリンに移住し、ドイツ社会民主党に入党した。一八九九年には党内の修正主義者を批判する小冊子『社会改良か革命か』(Luxemburg [1899]) を出版して注目され、一九〇四年以降何度も投獄されながら政治活動を続けて、一九〇七年から一九一四年までベルリンの党学校で経済学の講義を行った。その間の一九一三年に出版したのが主著『資本蓄積論』である。

一九一四年に第一次世界大戦が始まると、ドイツ社会民主党はそれまでの戦争反対から一転して戦争支持にまわる。それに対してルクセンブルクは党内最左派として反戦活動に力を注ぎ、そのため一九一六年から二年間にわたる獄中生活を強いられた。この獄中で彼女は、一九一〇年秋頃に一度出版用にまとめていた経済学講義の原稿に補足や推敲を加えている。一九一八年一一月のドイツ革命の結果、刑務所から釈放されると、カール・リープクネヒトとともに一九一六年に創設したスパルタクス団を再編し、機関紙『赤旗 *Die Rote Fahne*』を発刊する。一九一九年一月にはスパルタクス団を母体としてドイツ共産党を結成し、ベルリン一月蜂起を指導するが、一月一五日に国防軍の残党や義勇軍との衝突の中で数百人の仲間とともに逮捕され、殺害された（ルクセンブルクの生涯については、Frölich [1967] 参照）。

まずは『資本蓄積論』の問題意識を確認することから始めよう。この本の主題は、マルクスが『資本論』第二部「資本の流通過程」第三編「社会的総資本の再生産と流通」の草稿で展開した「拡大再生産表式」論の批判的分析である。マルクスは、個別資本の絡み合いからなる「社会的総資本の再生産」過程を、生産手段生産部門と消費手段生産部門という二つの部門間での流通という形で単純化し、さらに単純再生産と拡大再生産の場合に分けて、これらの部門間の均衡条件を数学的に表現しようと試みた。マルクスはさまざまな計算例を挙げながら試行錯誤しているが、自分でも納得のいくような説明に成功していないことは、この第二部原稿が未完成のまま残されたという事実からもわかる。

マルクスのこの設定に対してルクセンブルクが一貫して問題にするのは、拡大再生産の前提となる「需要の増大」がどこから生まれるのか、ということである。彼女はこのように問いかける。「事実上蓄積が行われる、すなわち生産が拡大されるためには、なお他の一条件、すなわち、商品にたいする支払能力ある需要の拡大が必要である。さて、マルクスの表式における継続的生産拡大の根柢に横たわるたえず増大する需要は何所から生ずるか？」（Luxemburg [1975a] S. 102. 上一三一頁）。

これは、一見すると経済理論上の細かな問題のように見えるかもしれない。しかし、そうではない。ルクセンブルクが問題にするのは、マルクスが「社会的総資本の再生産」という場合に想定している「資本主義的生産様式」の空間的広がりは、実際にはどのようなものなのか、ということである。

この問題の意味を理解するために、話を少し戻すことにしたい。マルクスが若いときから「世界」という広がりを意識していた思想家であることは、改めて指摘するまでもないだろう。一八四八年の『共産党宣言』は、次のように「世界市場」の意味について論じていた。

> ブルジョワジーは、世界市場の開拓によって、すべての国の生産と消費を超国家的なものとした。反動家たちにとってたいへんなげかわしいことに、ブルジョワジーは、産業の足もとから国民的な地盤をとりさった。〔……〕国産品によってみたされていた、ふるい欲望にかわって、あたらしい欲望があらわれ、それをみたすために、もっとも遠隔の国土と風土の生産物が必要になる。ふるい地方的および国民的な自足性と閉鎖性にかわって、諸国民相互の全面的な交通と全面的な依存関係があらわれる。
>
> （Marx und Engels [1959a] S. 466. 一六頁）

また、一八五九年の『経済学批判』では、マルクスは自分の「経済学批判」体系のプランを次のように説明していた。「私は市民的経済のシステムをこういう順序で、すなわち、資本・土地所有・賃金労働、国家・外国貿易・世界市場という順序で考察する。はじめの三項目では、私は近代市民社会が分かれている三つの大きな階級の経済的諸生活条件を研究する」（Marx [1980] S. 99. 五頁）。

つまりマルクスは、最終的には「世界市場」の構造と意味を明らかにすることを目指していた、ということである。しかし、彼はそれをやり遂げることなく終わった。『資本論』の対象がプランの中の最初の「資本」だけなのか、「はじめの三項目」をそれなりに含むものなのかについては、研究者の間で長い論争があるが、後半の三項目についてまったく論じていないことについては論争の余地はない。『資本論』そのものも、彼が仕上げて出版したのは第一部（第一巻）だけで、第二部以降は未定稿のままに残された。

だから、マルクスが「資本主義的生産様式」と「国家」との関係、また国家の枠を超える「世界市場」との関係をどう考えていたのかは、正確にはわからない。そして、ルクセンブルクが問題にしているのは、まさにその関係なのである。

『資本論』は「資本主義的生産様式が支配的に行なわれている社会」（Marx [1983] S. 17. 四七頁）の仕組みを解明しようとしたもので、この「社会」はあくまでも抽象化された理論モデルとして構築されている。資本家は、仕事を求める労働者を雇用して、彼の「労働力の価値」（労働能力の再生産に必要な生活物資の価値総額）に相当する賃金を支払う。雇用された労働者は資本家の監督下で協業（分業）して生産を行い、「剰余価値」（労働力の再生産にとって必要な労働時間を超えて行われる「剰余労働時間」に労働者が生産した価値部分）を生み出す。生み出された「剰余価値」は（必要に応じてそこから地代や利子が支払われることになるが）、資本投下の果実である「利潤」として資本家の手に残る。このように利潤の獲得を目的にして賃金労働者を雇用して行われる企業活動が、奴隷制とも封建的農奴制とも（また自営業とも）異なる、資本主義に固有の生産様式なのである。

ただし、『資本論』で叙述される具体的事例の多くが同時代のイングランドから取られているために、普通に読めば、読者はイングランドのような一国規模の「資本主義社会」を想定することになるだろう。たとえば、マルクスは次のように述べているからである。

農村の生産者すなわち農民からの土地収奪は、この〔資本主義的生産様式成立の〕全過程の基礎をなしている。この収奪の歴史は国によって違った色合いをもっており、この歴史がいろいろな段階を通る順序も歴史上の時代も国によって違っている。それが典型的な形をとって現われるのはただイングランドだけであって、それだからこそわれわれもイングランドを例にとるのである。(ibid. S. 576. 九三五—九三六頁)

抽象的な理論モデルであれ一国資本主義社会であれ、いずれにしてもルクセンブルクが問題にしたのは、この「社会」と「外部」との関係である。つまり彼女は、「外部」の需要なしに資本主義的生産様式の拡大再生産ははたして可能なのか、という疑問を提示したのである。

マルクスの再生産表式論は、あくまでも資本主義社会「内部」での均衡の条件を求めようとしたものだが、実はマルクス自身、再生産表式論に先立つ『資本論』第二部の草稿の中に、「需要」にかかわる次のような断片を書き残していた。

資本主義的生産様式における矛盾。労働者は商品の買い手として市場にとって重要である。しかし、彼の商品——労働力——の売り手としては、〔資本主義社会は〕その価格〔=賃金〕を最低限に制限する傾向がある。もう一つの矛盾。資本主義的生産がそのすべての潜勢力を発揮する時代は、きまって過剰生産の時代となって現われる。なぜならば、生産の潜勢力は、それによってより多くの価値が単に生産されうるだけではなく、実現もされうる場合に限ってのみ充用されるべきものだが、しかし、商品の販売、商品資本の実現、したがってまた剰余価値の実現は、社会一般の消費欲望によって限界を画されているのではなく、その大多数の成員がつねに貧乏であり、また貧乏であり続けなければならないような社会の消費欲望によって限界を画されているのだからである。

（Marx [2008] S. 308. 三八七頁）

マルクスが言うのは、こういうことである。労働者は「商品の買い手」つまり消費者としての役割を期待されているが、彼が賃金として受け取るのは、自らが生産した「付加価値」の一部だけであり、生産された商品の総額に比べればきわめて限定された購買力しかもっていない。彼は「消費欲望」はもっているのだが、自分の労働力の価格（賃金）は、欲望の対象を買いそろえるには十分ではない。したがって、資本主義的生産様式が支配的となり、人口の大部分が労働者となった社会では、生産力（供給能力）と購買力（有効需要）との落差が「過剰生産」という結果を生む、ということである。

そのような「資本主義社会」で拡大再生産が継続的に行われるのだとしたら、「たえず増大する需要は何所から生ずるか？」（Luxemburg [1975a] S. 102. 上一三一頁）、それがルクセンブルクの疑問だった。しかし、『資本論』はそれに答えていない。ここに「対外商業」を持ち込んでも、解決にはならない、と彼女は付け加える。

資本主義社会の内部では、蓄積される剰余価値部分を含む商品のための明白な買手は絶対に見出せないから、残るはただ一つ、対外商業である。しかしながら、対外商業を、それがなければ再生産過程ではどうすることもできない生産のための適当な荷あげ場だ、と看なす方法に対しては、多くの異論が生ずる。対外商業を挙示することは、分析のさい出くわす困難を、解決しないでおいて一国から他国に移す逃げ路となるにすぎない。再生産過程の分析は、総じて、個々の資本主義国に連関するのではなく、資本主義世界市場に連関するのであり、この世界市場の立場からすればすべての国が国内である。（ibid. S. 105-106. 上一三六頁）

そうだとすると、『資本論』の理論的モデル設定それ自体に問題があるということになる。ルクセンブルクは次のように断言している。

この表式は、資本家と労働者とは社会的消費の唯一の代表者である、という前提のもとで、蓄積過程を叙述しようとする。吾々は、マルクスが首尾一貫して且つ意識的に、『資本論』全三巻における彼の分析の理論的前提として、資本主義的生産様式の一般的かつ排他的な支配を仮定しているのを見た。〔……〕かような前提は理論上の応急策であって、現実においては、資本主義的生産の排他的支配をともなう自足的な資本主義社会なるものは、どこにも存在しなか

ったし、現に存在していない。（ibid. S. 297. 下四〇七頁）

ルクセンブルクの指摘は正しい。少なくとも、現在私たちが目にすることができる『資本論』の論理に関する限り正しいし、現実に関しても正しい。現在でも、企業の多くが自国の労働者（個人消費）ではなく「外国の富裕層」を当てにして「輸出拡大」のための生産拡大を行っていることを思い起こせばいいだろう。現実には「資本主義的生産の排他的支配を伴う自足的な資本主義社会なるもの」は存在しないとすれば、改めてその「外部」とは何なのか。

2　資本主義的生産様式とその「外部」

ここでは、マルクスのために、もう少し補足説明を加えておこう。実は、『資本論』にも資本主義の（そしてヨーロッパの）「外部」が登場しないわけではない。マルクスは、資本主義的生産様式の前提条件が歴史的に成立する過程を論じた『資本論』第二四章「いわゆる本源的蓄積」に関する章（フランス語版と英語版では第八編）で、次のように述べている。

アメリカの金銀産地の発見、原住民の掃滅と奴隷化と鉱山への埋没、東インドの征服と略奪との開始、アフリカの商業的黒人狩猟場への転化、これらのできごとは資本主義的生産の時代の曙光を特徴づけている。このような牧歌的な過程が本源的蓄積の主要契機なのである。これに続いて、全地球を舞台とするヨーロッパ諸国の商業戦が始まる。それはスペインからのネーデルランドの離脱によって開始され、イギリスの反ジャコバン戦争で巨大な範囲に広がり、中国にたいする阿片戦争などで今なお続いている。

（Marx [1983] S. 601. 九八〇頁）

資本の「本源的蓄積 die ursprüngliche Akkumulation」とは、一方に雇う側（投資するための多額の貨幣を所持する資本家）が、他方に雇われる側（土地や仕事道具などの生産手段を失って賃金労働に生活の資を求めざるをえない労働者）が出現する歴史的過程のことである。一五世紀末の「アメリカの発見」と大航海時代以降、同時代のアヘン戦争にいたるまで、資本主義的生産様式の成立過程は暴力的な殺戮と支配・強制に満ちている。それをマルクスは皮肉を込めて「牧歌的な過程」だと言うのである。さらに彼は次のようにも言う。

綿工業はイングランドには児童奴隷制をもちこんだが、それは同時に、以前は多かれ少なかれ家父長制的だった合衆国の奴隷経済を、商業的搾取制度に転化させるための原動力をも与えた。一般に、ヨーロッパにおける賃金労働者の隠された奴隷制は、新世界における〈美辞麗句なしの〉奴隷制を踏み台として必要としたのである。

（ibid. S. 607. 九九一頁）

資本主義的生産様式は、ヨーロッパの内部で自生的に成立した経済的進化の産物などではない。

それはむしろ、大航海時代以降のヨーロッパ諸国によるアジアやアメリカでの暴力的な植民地支配と略奪を前提としていた。しかもそれは、植民地での奴隷労働が生産した金銀の直接的略奪や、胡椒や砂糖やたばこなどの熱帯産品の貿易による貨幣の蓄積を成立の必要条件としていた、というだけではない。イングランドにおける産業革命後の生産様式そのものが植民地の奴隷制を逆輸入したものだ、とマルクスは考えているのである。

ただし、『資本論』は、そのようなアメリカ、東インド、アフリカなどの「外部」とイングランドの資本主義社会とが現にどのような関係にあるのかについては述べていない。ルクセンブルクが問題にしたのは、まさにそのことだった。

もう一点、マルクスのために補足しておきたい。マルクスは一国規模にとどまらず、世界的規模でも、いずれは「資本主義的生産様式の一般的かつ排他的な支配」が実現すると考えていたのかどうか、という問題である。『共産党宣言』では、マルクスはたしかにそのように想定していた。

ブルジョワジーは、すべての生産用具の急速な改良によって、限りなく容易になった通信によって、あらゆる国民を、もっとも野蛮な諸国民をも、文明にひきいれる。〔……〕かれらはすべての国民に、滅亡をのぞまないならばブルジョワジーの生産様式を採用するように、強制する。かれらは、すべての国民に、いわゆる文明をとりいれるように、すなわちブルジョワになるように、強制する。一言でいえば、かれらは、自分たちのすがたのとおりに、ひとつの世界を創造するのである。

（Marx und Engels [1959a] S. 466. 一七頁）

しかし、『資本論』以後もこのような想定に変わりはなかったのか。すべての国が遅かれ早かれ「文明化」し資本主義化する、とマルクスは考えていたのか。西ヨーロッパに限定して言えば、マルクスはそう考えていたようだが、それ以外の地域について言えば、そうではない。ルクセンブルクは知るよしもなかったが、一八八一年のマルクスは、同時代のロシアについての次のような考察を残している。

ロシアは、共同体的所有〔propriété communale〕が広大な、全国的な規模で維持されている、ヨーロッパで唯一の国である。しかし、それと同時に、ロシアは、近代の歴史的環境のうちに存在し、より高次な文化と同時的に存在しており、資本主義的生産の支配している世界市場に結びつけられている。（Marx [1985b] S. 232-233. 四〇一頁）

つまり、ロシアは資本主義的生産様式にとっての「外部」であるが、同時に世界市場の「内部」に存在する、ということである。そのことだけなら、たとえばアメリカ合衆国南部の奴隷制と変わらない。しかし、アメリカの奴隷経済がイングランドの綿工業との関係の中で「商業的搾取制度」に転化したのとは異なる可能性が、ロシアにはある。しかも、資本主義的生産様式と「同時的に存在している」こと自体に、別の未来の可能性があるというのである。マルクスはこう述べている。

農村共同体〔la commune rurale〕が資本主義的生産の肯定的な諸成果をすべてわがものとし、しかも、この生産の恐るべき有為転変を経ずにすむことが可能であるのは、まさにそれが資本主義的生産と同時的に存在しているためである。ロシアは、近代世界から孤立して存在しているのではない。それはまた、東インドのように外国の征服者の餌食でもないのである。

（Marx [1985a] S. 220. 三八七頁）

では、まだ資本主義の「餌食」になっていない「外部」としてのロシアにとって、本源的蓄積の進行でも植民地化でもない、別の未来を開くものは何か。「ロシア革命」である。

ロシアの共同体を救うには、一つのロシア革命が必要である。〔……〕もしも、農村共同体に自由な飛躍を保障するために、革命が全力を集中するならば、〈ロシア社会の知性ある部分が〉〈ロシアの知性がその国のすべての生命ある勢力を集中するならば〉、農村共同体は、まもなく、ロシア社会を再生させる要素として、資本主義制度によって隷属させられている諸国に優越する要素として、発展するであろう。

（ibid. S. 230. 三九八頁）

この引用文の中で〈　〉で囲んだ部分は、原文では二重線で抹消された文章である。最終的に「革命が全力を集中するならば」と書く前に、マルクスが何回も言葉を選んで書き直していることがわかる。

マルクスがこう書いたのは、ロシアの女性革命家ヴェーラ・ザスーリチからの手紙への返信の下書き草稿の中で、である。小貴族の家に生まれたザスーリチは女学校時代にナロードニキ運動に参加し、一八六九年のネチャーエフ事件（革命秘密結社内部のスパイ処刑事件）に連座して逮捕され、投獄と流刑を経て一八七三年に釈放された。一八七八年には、ナロードニキ運動弾圧の責任者であるペテルブルク特別市長官トレポフ将軍をピストルで狙撃して負傷させたが、陪審員裁判で無罪となり、スイスに亡命した。その後、ゲオルギー・プレハーノフと行動を共にしてマルクス主義者となり、一八八一年にロシアの現状認識と革命路線に関する質問の手紙をジュネーヴからマルクスに送ってきたのである（cf. Bergman [1983]）。

この国際的に有名なロシア革命運動の闘士からの問い合わせに対して、マルクスはかなり詳細な分析を含む複数の下書き草稿を書き残しているが、実際に投函した手紙そのものは、むしろそっけないものだった。そこには「ロシア革命」への明示的言及もない。彼はこう書いている。

私はこの〔ロシアの農村共同体の〕問題について特殊研究をおこない、しかもその素材を原資料のなかに求めたのですが、その結果として、次のことを確信するようになりました。すなわち、この共同体はロシアにおける社会的再生の拠点であるが、それがそのようなものとして機能しうるためには、まずはじめに、あらゆる側面からこの共同体におそいかかっている有害な諸影響を除去すること、ついで自然発生的発展の正常な諸条件をこの共同体に確保することが必要であろう、と。

（Marx [1985c] S. 241. 二三九頁）

しかも、このザスーリチへの手紙もその草稿も、いずれもルクセンブルクの生前には公開されなかった。この草稿は、ロシアのマルクス主義者ダヴィッド・リャザーノフが一九一一年に発見していたが、ザスーリチが受け取った手紙の方は一九二三年に発見された。きわめて短い手紙本文と長短四つの草稿のフランス語原文はともに、モスクワのマルクス・エンゲルス研究所（一九二〇年にリャザーノフが所長に就任した）が一九二五年に創刊した『マルクス・エンゲルス・アルヒーフ』の第一巻に収録された。ルクセンブルクがこれらの草稿を読むことができたら、彼女のマルクス評価は少し違ったものになっていたかもしれない。

ロシア革命の可能性についてマルクスが自分の考えを出版物の中で公表したのは、一八八二年一月二一日の日付をもつ『共産党宣言』ロシア語版第二版「序文」（エンゲルスとの連名）だけである。そこでは、こう述べられている。

ロシアの農民共同体《オプシチナ》は、ひどくくずれてはいても、太古の土地共有制の一形態であるが、これから直接に共産主義的な共同所有という、より高度の形態に移行できるであろうか？　それとも反対に、農民共同体は、そのまえに、西欧の歴史的発展でおこなわれたのと同じ解体過程をたどらなければならないのであろうか？／この問題にたいして今日与えることのできるただ一つの答は、次のとおりである。もし、ロシア革命が西欧のプロレタリア革命にたいする合図となって、両者がたがいに補いあうなら、現在のロシアの土地共有制は共産主義的発展の出発点

（Marx und Engels [1959b] S. 576. 五九三頁）

となることができる。

したがってマルクスは、少なくとも一八八二年の時点では、資本主義が世界全体を覆い尽くす前に、「外部」での農民革命と「内部」でのプロレタリア革命が「たがいに補いあう」ことによって資本主義を乗り越えることは可能だ、と考えていたことになる（マルクスのロシア論の意味について詳しくは、和田［1975］、若森［1993］を参照されたい）。

一八八二年の『共産党宣言』ロシア語版「序文」は、一九〇五年革命以降のロシア・マルクス主義者にとって、ロシア一国での先行的革命の可能性を示す重要な典拠となっていた。ルクセンブルクがそのことを知らなかったはずはないが、彼女がたとえこの序文を読んだとしても、このような短い言及から、その背後にあるマルクスの世界認識やロシアの現状認識を推測することは困難だろう。しかし、いずれにしても、先に見たように、「現実においては、資本主義的生産の排他的支配をともなう自足的な資本主義社会なるものは、どこにも存在しなかったし、現に存在していない」(Luxemburg [1975a] S. 297. 下四〇七頁）、というのが『資本論』の理論モデルに対する彼女の批判だった。では、それに対して彼女はどのような「現実」を明らかにしようとしたのか。それが次の問題となる。

3 資本主義の「内部的不可能性」

資本主義的生産様式の矛盾は「過剰生産」という形で現れる。つまり、売れない（マルクスの表現では「剰余価値の実現」ができない）商品の在庫の山や企業倒産という形で現れる。なぜなら、人口の大多数を占める労働者は、商品の買い手（個人消費の担い手）として当てにされながらも、その労働者を直接に雇用する個々の資本家や企業には「労働力の価格を最低限に制限する傾向がある」ために、結局は限定された購買力（有効需要）しかもたないからである。第1節で見たように、『資本論』の第二部草稿ではマルクス自身がそう述べていた。

そうだとするならば、「剰余価値の実現は、第一条件として、資本主義社会以外の購買者の一群を必要とする」（Luxemburg [1975a] S. 300. 下四一二頁）というのが、ルクセンブルクの理解だった。具体的には、彼女は二つの場合を想定している。一つは、「非資本主義的な諸層および諸国を購買者とする消費手段を供給する」場合である。「たとえばイギリスの綿業は、十九世紀の最初の三分の二期間に、ヨーロッパ大陸の農民および都市小ブルジョアに、さらにインド、アメリカ、アフリカ等の農民に、綿製品を供給した」（ibid. S. 301. 下四一二頁）。もう一つは、「生産手段を自己の需要以上に供給して、購買者を非資本主義諸国に見出す」場合である。「たとえばイギリスの工業は、十九世紀の前半期に、アメリカやオーストラリアの諸州における鉄道敷設のための建設材料を供給した」。ただし、この場合でも、「鉄道敷設は、それ自体ではまだまだ一国における資本主義的生産様式の支配を意味しない」(ibid. S. 301. 下四一三頁)。

他方でルクセンブルクは、資本主義的生産様式が原材料(生産手段)を調達するためにも「世界市場」を前提としていることを確認する。

資本主義的生産は、初めから、その運動形態および運動法則において、生産諸力の宝庫としての地球全体を計算にいれている。搾取の目的で生産諸力を取得しようとする熱望からして、資本は全世界を捜しまわり、地球のすみ〴〵から生産手段を調達し、あらゆる文化段階および社会形態からこれを強奪し、または獲得する。〔……〕実現された剰余価値を生産的に使用するためには、資本が、その生産手段を量的にも質的にも無制限に選択しうるために、たえずますます全地球を自由にしうることが必要である。(ibid. S. 307. 下四二〇頁)

この場合の例としてルクセンブルクが挙げるのは、イギリスの綿工業がアメリカ南部での奴隷制による綿花栽培に依存していること、「南北戦争」によってアメリカ綿花のイギリスへの輸入が中断した際にエジプトで開始された綿花栽培が「太古的な賦役関係と結びついた東洋的専制政治」によって可能になったこと、そして、成長著しいゴム産業に生ゴムを供給する「原料生産の経済的基礎は、ヨーロッパ資本によってアフリカの植民地やアメリカで実行された原始的な搾取制度であって、この制度は奴隷制と賦役関係との種々な組合せをなしている」こと、であった(ibid. S. 307-308. 下四二一頁)。

要するに、ヨーロッパの資本主義社会は、商品の購買者としても、原材料の供給者としても、「資本主義的領域の外部」における「非資本主義的な社会と社会層」を必要不可欠としている、ということである。ルクセンブルクはこうまとめている。

だから、剰余価値の実現ならびに不変資本の諸要素の調達という二つの見地からすれば、世界交易——与えられた具体的諸関係のもとでは、本質的には、資本主義的生産形態と非資本主義的生産形態とのあいだの交換である世界交易——は、もと〳〵、資本主義の歴史的な一実存条件である。(ibid. S. 308. 下四二二頁)

それだけではない。ルクセンブルクは労働力そのものについても同じことを指摘する。拡大再生産が行われる場合、資本は「これまではまだ資本の指揮を受けておらず需要に応じてはじめて賃金プロレタリアートに追加される労働力」の「社会的貯水池」を必要とするのだが、「資本主義的生産は、この追加労働力を、非資本主義的な層および国からのみたえず得ることができる」。具体的には、「ヨーロッパの農民経済および手工業の瓦解ばかりでなく、ヨーロッパ以外の諸国における種々の原始的な生産形態と社会形態の瓦解」がそのような追加的労働力を提供するはずである(ibid. S. 310-311. 下四二四—四二五頁)。

前節で見たように、マルクスも「新世界における奴隷制」がむしろヨーロッパにおける資本主義成立の前提(「踏み台」)をなしていたことを『資本論』で指摘していた。そのことはルクセンブルクももちろん知っている。しかし、そのうえで、彼女は次のようにマルクスの「本源的蓄積」論を批判する。

マルクスはもちろん、非資本主義的生産手段の収奪の過程ならびに農民の資本主義的プロレタリアートへの転化の過程を、たちいって取り扱っている。『資本論』第一巻の第二十四章は、全章をあげてイギリスのプロレタリアート、資本家的借地農業者階級、ならびに産業資本の発生の記述にささげられている。そこでマルクスはヨーロッパ資本による植民地諸国の略奪をとくに強調している。だが、注意すべきことには、これらすべては、ただいわゆる「本源的蓄積」の視角のもとでの話である。右の過程は、マルクスにあっては、資本の創世記すなわち誕生時を例証するだけであり、それは、封建社会の胎内からの資本主義的生産様式の誕生にさいしての産みの苦しみを云い表わしている。資本過程の理論分析——生産ならびに流通——を与えるやいなや、彼はいつも、資本主義的生産の一般的かつ排他的な支配という彼の前提にたち帰るのである。(ibid. S. 313. 下四二九頁)

つまり、ルクセンブルクが言いたいのは、マルクスが「本源的蓄積」という名称で歴史的過去として描いた過程は、今なお植民地からの「自然的財宝や労働力」の収奪として持続的に継続している、ということである。したがって、「資本主義は、その充分な成熟においてさえも、あらゆる連関において、非資本主義的な層および社会の同時的実存を頼りとしている」のであり、「資本蓄積は〔……〕むしろ、非資本主義的な環境なしにはどの点でも考えられえないもの」なのである（ibid. S. 313-314. 下四三〇頁）。

しかし、「資本蓄積」がマルクスの言う意味での「本源的蓄積」の継続にほかならないのだとしたら、非資本主義的な領域や社会そのものは日々解体され、そこに暮らす生産者は土地などの生産手段の所有を剝奪され、その代わりに賃金労働者として新たに資本主義的生産様式に投げ込まれていくことになる。つまり、資本主義は自らの支配領域を日々拡大し、利用可能な労働者を増加させていくのだが、そのことによって自らの実存条件である非資本主義的領域そのものを食いつぶし、有効需要の担い手となる購買者の範囲をますます狭めていく、ということになる。これは明らかに矛盾である。しかし、ルクセンブルクは、このような矛盾そのものが「資本蓄積の定在条件」だと言う。彼女は次のように述べている。

資本主義と単純商品経済との闘争の一般的結果は、資本が自然経済にかえて商品経済をおいたのち、資本みずからが単純商品経済にとってかわるということである。だから、もし資本主義が非資本主義的な構造によって生活しているとすれば、資本主義は、より厳密に云えば、これらの構造の没落によって生活しているのであり、また、もし資本主義が蓄積のために非資本主義的環境を無条件的に必要とするとすれば、資本主義は、それを犠牲としそれを吸収することによって蓄積が行われる培養土として、それを必要とする。歴史的にとらえれば、資本蓄積は、資本主義的生産様式と先資本主義的生産様式とのあいだに行われる質料変換の過程である。先資本主義的生産様式なしには資本の蓄積は行われえないが、しかし蓄積なるものは、この面から考えれば、先資本主義的生産様式の咀嚼であり消化である。したがって資本蓄積は、非資本主義的構造が資本蓄積と併存しえないと同じく、非資本主義的構造なしには実存しえない。非資本主義的構造のたえざる前進的粉砕のうちにこそ、資本蓄積の定在条件が与えられているのである。
(ibid. S. 363-364. 下五〇〇頁)

もう一度言うが、これは明らかに矛盾である。しかし、ルクセンブルクに言わせれば、資本蓄積とはまさにそのような「生きた矛盾」にほかならない。そして、自らの存在条件を自ら絶えず粉砕して進む過程には、いずれ終焉が待ち構えている。その意味で、資本蓄積とは、いわば余命が宣告された過程なのである。

しかし、まだこの過程が進行しているかぎりで、資本主義が自らの存在条件として非資本主義的な地域や社会を必要とするのだとすれば、そこから必然的に生じるのは、「こうした地帯や社会を征服しようとする資本の熱望」(ibid. S. 314. 下四三〇頁)である。そこから、帝国主義が生じる。

帝国主義は、まだ押収されていない非資本主義的世界環境の残部をめぐる競争戦における、資本蓄積の過程の政治的表現である。〔……〕非資本主義的領域の獲得をめぐる資本主義諸国の高度な発展とますます激しい競争とにさいして、帝国主義は、非資本主義的世界にたいするその攻撃的行動においても、資本主義的競争諸国間の対立の激化においても、その精力と凶暴性とを増す。だが、帝国主義がより狂暴に、より精力的に、より基本的に、非資本主義的文化の没落をはかればはかるほど、それはます〳〵急速に資本蓄積のよって立つ土台を奪うことになる。帝国主義は、資本の生存を延長させる一歴史的方法であると同様に、その生存を最も手ばやく客観的に抑制する最も確実な一手段でもある。（ibid. S. 391. 下五四一頁）

資本主義を延命させるための努力の「政治的表現」である帝国主義は、帝国主義国家間戦争を引き起こすだけでなく、非資本主義的領域を暴力的に略奪することで資本主義の矛盾を激化させ、資本主義の終焉を逆に早めることになる。それが、アーレントが高く評価した、ルクセンブルクの独自の認識である。そして『資本蓄積論』の最後の言葉は、次のようなものだった。

資本主義は、普及力をもった最初の経済形態であり、世界に拡がって他のすべての経済形態を駆逐する傾向をもった、他の経済形態の併存を許さない、一形態である。だが同時にそれは、独りでは、その環境およびその培養土としての他の経済形態なしには、実存しえない最初の形態である。すなわちそれは、世界形態たろうとする傾向をもつと同時に、その内部的不可能性のゆえに生産の世界形態たりえない最初の形態である。それは、それ自身において一個の生きた歴史的矛盾であり、その蓄積運動は、矛盾の表現であり、矛盾のたえざる解決であると同時に強大化である。ある特定の発展高度に達すれば、この矛盾は、社会主義の原理の充用によるほかには解決されえない。（ibid. S. 411. 下五六八―五六九頁）

資本主義は「内部的不可能性」を抱え込んだ「一個の生きた歴史的矛盾」である。ルクセンブルクがこう書いた翌年に、第一次世界大戦が勃発する。彼女はしかし、理論的には資本主義の寿命を縮めるはずの帝国主義国家間戦争を傍観するのではなく、戦争に反対する運動に全力で取り組み、その結果、逮捕されて獄中の人となった。

4 「資本主義世界経済」とその終焉

一九一六年から二年間にわたる獄中生活の中で、ルクセンブルクは、一九〇七年から一九一四年までベルリンの社会民主党学校で行っていた経済学講義の原稿に手を入れ、著作として出版するための補足や推敲を行った。この原稿は、ルクセンブルクが殺害された後にドイツ共産党の指導を引き継いだパウル・レヴィによって一九二五年に『経済学入門』という題名で公刊され、日本でも一九二七年に翻訳が出版されている（Luxemburg [1925]）。

この『経済学入門』の特徴は、「資本主義世界経済」という（『資本蓄積論』には見られない）新しい言葉を使って、世界的規模での経済的連関と諸国間・諸地域間の「従属関係」を具体的に明らかにしようとしたことにある。

ルクセンブルクはまず、次のように問いかけることから始める。「そもそも一国民の経済というようなものが現実に存在するのであろうか？　それならば、いったい諸国民は、それぞれ、一つの別の家計を、一つのそれ自体としてまとまった経済生活を、営んでいるのであろうか？」(Luxemburg [1975b] S. 535. 二七頁)。この問いに対して、彼女は次のように答えている。

われわれは、世界貿易の謎めいた兆候の背後には、個々の「国民経済」のあいだに単純な商品交換とはおそらくなおまったく別種な経済的諸関係が成立しているにちがいない、ということに気がつき始める。他の諸国に自国のもののなかから譲渡するよりもより多くの諸生産物を常に他の諸国から獲得することができるような国は、明らかにただ、他の諸国にたいして経済的な請求権をもっているような国だけであろう。すなわち、対等な者どうしのあいだでの交換とはまったく異なる諸権利である。そして、このような、諸国間の請求権および従属関係は、教授的理論はそれについてなにも知らないとしても、じっさいには至るところで成立しているのである。(ibid. S. 552. 五五―五六頁)

このような「従属関係」を、ルクセンブルクは三つに分類している。第一は、「政治的な強権支配」に基づく「最も単純な形態」、「いわゆる母国とその植民地との関係」である。たとえば、「大ブリテンはその最大の植民地たる英領インドから毎年一〇億マルク以上の貢物をさまざまな形で取り立てている」(ibid. S. 552. 五六頁)。

第二は、「経済的な従属関係」にある国が「超過輸出」をする場合である。たとえば、「ロシアは毎年輸入するよりも一〇億マルクだけ多い諸商品を輸出している」。しかし、ロシアに国内需要を超える過剰生産物があるわけではない。しかも、主要輸出品は穀物である。ロシアはクリミア戦争後、主にフランスからの借入資本に依存しながら鉄道建設や軍備などの「近代化」を図っているのだが、「フランスからの借款にたいする利子を支払いうるためには、ロシアは毎年大量の小麦や木材や亜麻や大麻や牛や鳥類をイギリスやドイツやオランダに売らなければならない。したがって、ロシアの輸出の巨額な超過は債務者から債権者への貢物を表わしており、この関係にはフランスの側の大きな輸入超過が対応している」(ibid. S. 553. 五六—五七頁)。つまり、これは国内の必需品への需要を犠牲にした、いわゆる「飢餓輸出」である。

第三は、これとは逆に、「経済的な従属関係」にある国が「輸入超過」になる場合である。たとえば、オスマン帝国や清朝末期の中国の場合、「その輸入はいくつかの年度には輸出のほとんど二倍になっている」が、主な輸入品はヨーロッパ製の武器や鉄道設備や機械であり、その輸入代金を支払うために、オスマン帝国や清朝はヨーロッパの銀行から借入をしているのである。

この資本にたいする利子はその他の利潤とともにヨーロッパ人資本家たちによってその現地トルコの農民たちから、またはシナの農民たちから、ヨーロッパの金融統制下にあるそれ相応の租税制度の助力によって、強奪される。このように、トルコやシナの優勢な輸入とそれに対応するヨーロッパの輸出との簡単な数字の背後には、富裕な大資本家的な西ヨーロッパとそれによって吸い取られる貧しくて遅れている東洋とのあいだの独特な関係が待ち伏せているのであって、東洋は西ヨーロッパから最も近代的で最も大規模な交通設備や軍事施設を供給され——そして同時に古い農民的「国民経済」の急激な破滅をも供給されるのである。

(ibid. S. 555. 六〇頁)

このような不平等な「従属諸関係」を伴う世界的構造を、ルクセンブルクは「資本主義世界経済 die kapitalistische Weltwirtschaft」という言葉で表現している。「世界経済」という言葉自体は、ドイツでは一九世紀末から使われ始めており、「世界経済」を「国民経済」の対概念として主題的に論じた最も早い例として、社会経済学者ハインリヒ・ディーツェルの『世界経済と国民経済』(Dietzel [1900]) やベルンハルト・ハルムスの『国民経済と世界経済』(Harms [1912]) がある(ハルムスはキール大学の国民経済学教授で、一九一四年にキール大学「世界経済研究所」を設立した。この研究所は今も存在している)。

しかし、ルクセンブルクが言う「世界経済」は、ディーツェルやハルムスのように「国民経済」という実体的存在を単位として想定して、その相互連関として考えられたものではない。話の順序が逆なのだ。資本主義はもともと大航海時代以降の植民地支配と世界市場を前提として、それを「踏み台」にして成立したものだからである。「資本主義世界経済」とは、資本主義的という形容詞によって限定された「国民経済」の集合体なのではない。資本主義はそもそも「世界経済」としてしか存在しえない、ということである。ルクセンブルクは次のように述べている。

近代産業がイギリスに堂々とはいってきてから一世紀半のうちに、資本主義世界経済は全人類の苦痛と全身けいれんとのもとにまさにはじめて形成されてきたのである。それは生産部門を次々に捉えて行き、国々を次々に征服してきた。蒸気と電気とをもって、砲火と刀剣とをもって、この世界経済は地の果てまでも侵入し、すべての万里の長城を打ち破り、世界恐慌の時期をつうじて、共通の周期的破局をつうじて、今日の人類の経済的相互依存を明らかにしてきた。〔……〕この日々にますます緊密になり強固に合生して行って、あらゆる国民と国土とを一つの大きな全体として結合する経済的な基礎〔Grundlage〕と、諸国民を境界標や関税壁や軍国主義によって人為的にそれだけ多くの無縁な敵対的な諸部分に分裂させようとする諸国家の政治的な上部構造〔Überbau〕とのあいだの、広がりつつある矛盾ほど、今日目につくものはなく、これほど今日の社会的および政治的生活の全容にとって決定的な意義をもつものはない。

（Luxemburg [1975b] S. 562. 七二―七三頁）

現在の世界にとって決定的な意味をもつのは、資本主義世界経済という基礎＝土台と、帝国主義的国家間対立という政治的上部構造との間の矛盾だ。これが、二〇世紀最初の世界戦争（後に第一次世界大戦と呼ばれることになる）の最中に、その戦争に反対して逮捕されたルクセンブルクが獄中で書き残した認識である。このような土台と上部構造という比喩表現は、ここではそれ以上の詳しい説明がないままに終わったが、半世紀後に「世界システム」論の主唱者イマニュエル・ウォーラーステインによって再び取り上げられることになる（これについては、後に第五章で詳しく見ることにする)。

それでは、この「資本主義世界経済」の中で、資本蓄積は何をもたらすのか。『資本蓄積論』で論じられたこのテーマは、『経済学入門』では次のように説明される。

資本主義的生産はすべての国に広がってゆくのであって、それは単にすべての国をみな同種類の経済的な姿態にするだけではなく、すべての国を結びつけて単一の大きな資本主義世界経済にするのである。/資本主義的生産は、ヨーロッパのあらゆる工業国の内部で、絶えず、小規模経営の手工業的生産や小農民的生産を駆逐する。同時に、それは、ヨーロッパのすべての後進諸国と、アメリカ、アジア、アフリカ、オーストラリアのすべての国々を、世界経済のなかに引き入れる。(ibid. S. 773. 四二七—四二八頁)

それでは、こうして資本主義世界経済に引き入れられた非資本主義的な諸国・諸地域はいったいどうなるのか。

農民的な奴隷経済と封建的夫役経済という古い文化-経済段階にある他の諸大陸のあらゆる諸形態、とりわけ原始共産主義的な諸形態、〔……〕これらの経済は、貿易のなかに引きこまれることによって、急速に解体され破壊される。植民地貿易会社の外地での設立によって、または直接の侵略によって、生産の最も重要な基礎である土地と、それから、そこにいるならば家畜群もまた、ヨーロッパの国家または貿易会社の手中に移る。そのために原住民の自然発生的な社会的諸関係や経済様式はいたるところで破棄され、全民族は、その一部分は根絶されるが、しかし、残りの部分はプロレタリア化されて、いろいろな形で、あるいは奴隷として、あるいは賃金労働者として、産業資本や商業資本の支配下におかれる。（ibid. S. 773. 四二八頁）

したがって、一言でいうならば、「資本主義世界経済というのは、資本累積の目的のために、全人類を、限りない窮乏と苦痛とのもとで、物質的かつ精神的な退廃のもとで、ますます苛酷な労働に駆り立てることを指し示している」（ibid. S. 775. 四三一頁）。

つまり、ルクセンブルクの言う「資本主義世界経済」とは、今なお世界規模で進行している「本源的蓄積」の重層的な過程そのものなのである。まず、非資本主義的な生産様式とそれに対応する政治や文化をもつ社会が「世界市場」に引き入れられる。そうすると、その社会の生産物が「商品」に転化する。次に、ヨーロッパ人の手で、あるいは現地の支配層によって、現地の生産諸形態が解体される。具体的には、多かれ少なかれ共同的なものだった土地が没収され、生産の諸手段が私有化されて、それまでの直接生産者たちが雇用労働者に転化される。そして最後には、現地における「固有な資本主義的生産の創設」（ibid. S. 776. 四三二頁）が生じる。ルクセンブルクは、日本をこの過程の「第一段階で早くも——世界貿易の刺激によって——固有の工業が発展した」例外的な地域と見ており、「このことが日本をヨーロッパの植民地としての分割から救った」（ibid. S. 776. 四三三頁）と述べている。

したがって、「資本主義世界経済」は、いずれは世界全体で資本主義的生産様式が成立する時点を迎えることになる。つまり、世界が資本主義化するはずである。そうなったら、「資本主義世界経済」はどうなるのか。

前節で見たように、『資本蓄積論』のルクセンブルクは、資本主義は非資本主義的な経済形態や社会層の存在を不可欠の存立条件としている、と述べていた。したがって、資本主義は「世界形態」としては存立不可能だと述べていた。そうだとすると、「資本主義世界経済」も、最終的にはこの「不可能性」に行きつくはずである。実際に、『経済学入門』でもこの確信に揺るぎはない。彼女はこの書の最終部分で、資本主義の「根本的矛盾」を改めて次のように説明している。

> 資本主義的生産が自分よりも古い諸生産〔形態〕にとって代われば代わるほど、既存の資本主義的経営の拡張要求にたいして利潤獲得欲がつくりだす市場制限はますます狭くなるのである。この事実がまったく明白となるのは、資本主義の発展が非常に進んで全地球上で人間の生産するすべてのものが、ただ資本主義的にのみ、すなわちただ近代的賃金労働者による大経営の資本主義的な私的企業家たちによってのみ、生産される、という瞬間を想像してみたときである。そのときには資本主義が不可能なことは紛れもなく明らかになる。（ibid. S. 778. 四三六頁）

したがって、「資本主義世界経済」とは、資本主義が支配領域を拡大しながら「外部」を食いつくし、「剰余価値の実現」が不可能になるという自らの終焉に向かって突き進む歴史的過程を、空間的に表現したものにほかならないのである。それでは、ルクセンブルクは、このような「世界の資本主義化」の完了をいつごろだと想定していたのだろうか。世界の現状認識に基づく限り、それはまだかなり先のことだと考えられていたように思われる。しかし、「世界の資本主義化」に向かう過程で、一九一四年には現に帝国主義世界戦争が勃発してしまった。この世界的危機を救うには、「世界の資本主義化」の完了を待つ前に、社会主義を実現する以外にはない。それが、彼女の切実な認識だったはずである。

ルクセンブルクが獄中にいる間、一九一七年の三月（ロシア暦二月）と一一月（同一〇月）にロシア革命が起き、一九一八年一一月にはドイツ革命が起きる。それによって刑務所から釈放された彼女は、すぐさま革命の渦中に身を投じ、そして革命に殉じた。ルクセンブルク研究者の松岡利道は、「マルクスの全体系そのものを歴史過程の中に位置づけ、従って自らも、プロレタリアートをも絶対化しない所に、ルクセンブルクの方法の持つ今日的重要性がある」（松岡［1988］七二頁）と述べたが、その方法とは彼女の生き方そのものでもあった、と言うことができるだろう。

ルクセンブルクには知るよしもなかったが、一九一七年のロシア革命から一九九一年のソヴィエト連邦崩壊にいたるまでの間、世界の半分近くが「非資本主義的な領域」となった。「社会主義」諸国の存在と冷戦体制は、事実上「世界の資本主義化」を押しとどめ、そしてヨーロッパの主要国では資本主義経済そのものを「社会民主主義的」な福祉国家で補完するよう促す役割を果たした。したがって、冷戦体制崩壊後の一九九〇年代に始まる「グローバリゼーション」とは、「世界の資本主義化」の再開の別名にほかならない。ロシアと東欧の資本主義化、中国の「国家資本主義」化、いわゆるＢＲＩＣＳ（ブラジル、ロシア、インド、中国、南アフリカ）の経済成長などは、ルクセンブルクに言わせれば、「本源的蓄積」に基づく資本主義化の新たな追加例にほかならないだろう。

マルクスが『資本論』第二部で示唆し、ルクセンブルクが展開させた、「世界の資本主義化」が「資本主義の不可能性」を明らかにするという問題提起は、いま再び現実の問題となった。資本主義の終焉のカウントダウンが再び始まったのである。

第二章　レーニンからロストウへ——二つの発展段階論

1　コミンテルンと「資本主義世界システム」

ローザ・ルクセンブルクが虐殺された日からほぼ一週間後の一九一九年一月二一日、モスクワで共産党と左翼社会主義政党の代表若干名からなる協議会が開かれた。そこで承認され、一月二四日付の『プラウダ』に発表されたのが、各国の共産党組織に宛てた「共産主義インターナショナル第一回大会への招待状」である。トロツキーが起草し、レーニンが訂正と補足を行ったこの「呼びかけ」(村田［1978］五五五頁)は、次のように始まる。

(一) 現在の時期は、資本主義世界システム全体の解体と崩壊の時期である。これは、解決不能の矛盾をはらんだ資本主義が滅ぼされないかぎり、ヨーロッパ文化一般の崩壊をも意味するであろう。／(二) 今日プロレタリアートの任務は、ただちに国家権力を奪取することである。そして国家権力を奪取するとは、ブルジョアジーの国家機構を破壊し、新しいプロレタリア的権力機構を組織することである。(Komintern [1984] S. 9; Degras [1956] p. 2; 村田［1978］一八頁)

私の知る限り、おそらくこれが「資本主義世界システム das kapitalistische Weltsystem; the capitalist world system」という言葉が使われた最初の例である。前章で見たように、ルクセンブルクは、資本主義社会と非資本主義社会との間の多様で不均等な従属諸関係を包括する概念として「資本主義世界経済」という言葉を使っていた。それに対して、この「呼びかけ」で使われた「資本主義世界システム」とは、どのような世界認識を表す概念なのだろうか。
この言葉は、一九一九年三月四日の共産主義インターナショナル（略称コミンテルン）創立大会で採択された文書「共産主義インターナショナルの指針」でも、冒頭で一度だけ使われている。この文書の起草に関与したのは、後に（一九二六年から）コミンテルン執行委員会議長となるニコライ・ブハーリンである（村田［1978］五五七頁）。この「指針」はこう始まる。

資本主義世界システムの胎内にひそんでいたこのシステムの諸矛盾は、巨大な爆発となって——帝国主義世界大戦のかたちでの——、すさまじい力で表面化した。／資本主義は、生産を組織化することによって自己の無政府状態を克服しようと試みた。多数の相競争する企業家たちに代わって、強力な資本家団体（シンジケート、カルテル、トラスト）が形成された。銀行資本は産業資本と結合した。全経済生活は金融資本主義的寡頭制によって支配され、後者は、この権力を基礎とするその組織によって排他的な支配に到達した。自由競争に代わって独占が成立した。個別的な資本家は連合した資本家となる。狂気じみた無政府状態は組織によってとってかわられる。／しかし、個々の国で資本主義的生産様式の無政府状態が資本主義的組織とおきかえられる一方で、世界経済のなかでは対立、競争戦、無政府状態がますます激しくなっている。巨大な組織された強盗諸国家間の闘争は、鉄の必然性をもってとほうもない帝国主義的世界戦争にみちびいた。世界資本は、利潤欲に駆りたてられて、新たな販売市場、新たな投資部面、新たな原料資源、植民地奴隷の低廉な労働力をめぐるたたかいへすすんだ。
（Komintern [1984] S. 39; Degras [1956] pp. 17-18; 村田［1978］三〇頁）

この説明を見る限りでは、「世界システム」がどのような独自性と構造をもつシステムなのか、ということはよくわからない。説明の中心はもっぱら、資本主義諸国では組織化が進み、「金融資本主義的寡頭制＝独占」が成立し、「資本家団体」が存在するようになったことに置かれている。他方では、資本主義諸国間の対立が「帝国主義的世界戦争」を引き起こしたと述べられているが、そもそも「帝国主義」とは何かという説明はない。

コミンテルンの任務を論じたこの「指針」の結論部分には、さらに「帝国主義世界システム das imperialistische Weltsystem; the imperialist world system」という言葉も使われている。しかし、ここでもこの「世界システム」がどのようなものかという説明はない。「指針」は次のような言葉で終わっている。

国際的なプロレタリア的共産主義は、帝国主義世界システムの最終的な崩壊を促進するために、帝国主義にたいする被搾取植民地諸国民の闘争を支持するであろう。／〔……〕共産主義インターナショナルは、全世界のプロレタリアートにこの最後のたたかいを呼びかける。武器には武器を！　力には力を！（Komintern [1984] S. 48-49; Degras [1956] p. 24; 村田［1978］三四―三五頁）

このような論理展開を見る限り、ブハーリンをはじめとするロシア共産党指導部にとって「資本主義世界システム」と「帝国主義世界システム」とはどうやら同列に並んでいる。つまり、ルクセンブルクが言うような「資本主義世界経済」という「経済的な基礎」と「帝国主義」国家間対立という「政治的な上部構造」との対立と矛盾という発想は、ここには見られない。彼らが「世界システム」という言葉で思い描いているのは、基本的には「世界資本 Weltkapital; world capital」に対する「世界プロレタリアート Weltproletariat; world proletariat」の闘争であり、それに「帝国主義に対する被搾取植民地諸国民の闘争」が付け加わったものである。言葉は大きくて勇ましいが、この「世界システム」は、かなり抽象的で空虚な階級闘争モデルであることがわかる。そして、この二つの闘争がどのような関係にあるのかについての説明はない。

前章で見たように、「現実においては、資本主義的生産の排他的支配をともなう自足的な資本主義社会なるものは、どこにも存在しなかったし、現に存在していない」(Luxemburg [1975a] S. 297. 下四〇七頁)というのが、『資本論』に対するルクセンブルクの批判だった。この批判は、コミンテルンの文書に対しても同じように当てはまるだろう。「世界資本」対「世界プロレタリアート」の階級闘争という対抗図式は、『資本論』の一国資本主義モデルを世界規模に拡大した抽象的モデルであって、そのような「世界」など「どこにも存在しなかったし、現に存在していない」のだ、と。

このように「資本主義世界システム」という言葉をはじめて使ったのはトロツキーやブハーリンだが、その言葉が指し示す内容はルクセンブルクの「資本主義世界経済」とは大きく異なっている。つまり、思い描かれた「世界」そのものが平板なのである。現に存在する世界は、もっと複雑で不均等な支配・従属関係に満ちている。したがって、ロシアのマルクス主義者たちの言う「世界システム」は、（後に改めて詳しく論じるが）二〇世紀後半に登場する「世界システム」論者が使う「資本主義世界システム」という言葉とも意味内容がまったく異なるのである。

このようなコミンテルンの「資本主義世界システム」論が前提としているのは、実は、ロシア革命以前に構想されていたブハーリンの「世界資本主義」論とレーニンの『帝国主義論』である。節を改めて、それらの内容を確認することにしよう。

2 ブハーリンとレーニン——世界資本主義と帝国主義

ブハーリンは、一九一五年に執筆した『世界経済と帝国主義』（一九一七年に出版されたロシア語版原題。ドイツ語訳は『帝国主義と世界経済』）の中で「世界経済のシステム」と「世界資本主義」という言葉をほぼ同義に使っており、主として後者をキーワードとして用いていた。まずは「世界経済」であるが、ブハーリンは前章で名前を挙げたハルムスを参照しながら、「世界経済」と「国民経済」との関係を次のように述べている。

「国民」国家間の闘争は、それぞれのブルジョアジー集団間の闘争にほかならないのであるが、それは真空のなかで行なわれるのではない。この巨大な衝突を真空中の二つの物体の衝突と考えることはできない。反対に、この衝突こそ「国民経済有機体」が生活し、この成長する特殊な環境によって制約されている。〔……〕これらの有機体ははるかに大きな領域、実に世界経済の一部分にすぎない。あたかもあらゆる個別企業が「国民経済」の一部分であると同じく、これらの「国民経済」のおのおのは世界経済のシステムに包括されている。

（Bucharin [1929] S. 15. 九―一〇頁）

すでに前章で見たように、マルクスもルクセンブルクも、資本主義ははじめから世界的規模での「本源的蓄積」の過程を前提として成立した世界的なシステムだと考えていた。だからルクセンブルクは、『経済学入門』で「そもそも一国民の経済というようなものが現実に存在するのであろうか？」（Luxemburg [1975b] S. 535. 二七頁）と問いかけていた。それに比べると、ブハーリンの「国民経済」の捉え方はむしろ素朴で実体的である。彼は、「国民経済有機体」の存在を前提として、それらを「部分」として包括する全体が「世界経済」だと理解しているからである。

他方で、ブハーリンは、「世界経済とは国際的規模における生産関係、およびそれに照応する交換関係の一システムと定義しうる」（Bucharin [1929] S. 25. 二三―二四頁）とも述べている。「国際的規模における生産関係」を想定するのであれば、「世界経済」はたんなる「国民経済」の集合ではない独自のシステムをなすはずである。しかしながら、期待に反して、彼は「世界経済」の現状を次のように説明してしまう。

大体において、現代世界経済のすべての過程は剰余価値の生産とブルジョアジーの異なったグループおよびその小グループ間の分配に帰着する。ことは二つの階級、つまり一方での世界プロレタリアートと他方での世界ブルジョアジーとの間の関係の不断の拡大再生産にもとづいて行なわれる。　(ibid. S. 26. 二五頁)

つまり、個別の「国民経済」を包括しているのが「世界経済」なのだが、その「世界経済」の内実をなす生産関係とは、「世界ブルジョアジー」と「世界プロレタリアート」との二大階級の対立だというのである。「世界」という言葉が乱発されるにもかかわらず、現実の複雑で不均等な諸関係が抽象されて、きわめて単純で図式的なモデルが構築されていることがわかる。ブハーリンの思い描く世界は、資本主義的生産様式の排他的支配が一国レベルでも世界レベルでもすでに成立している世界なのである。

この「世界」を構成するそれぞれの「国民経済」の内部構造について、ブハーリンはこう説明している。「こうして集積と組織化の過程のひとつひとつの分野はお互いに駆りたてられて、国民経済全体を大金融業者と資本主義的国家の指導のもとに結合した巨大な企業へと、したがって、国民的市場を独占し、高度の非資本主義的形態での生産の組織化〔つまり、社会主義のこと〕の前提となる経済へと、転化するためのきわめて強力な傾向をつくりだす」(ibid. S. 78. 一〇四頁)。そのような「傾向」の行き着く結果として、「国民経済」は最終的に「一つの強大な結合したトラスト」に転化する、とブハーリンは見ている。その「トラスト」の出資者は「金融グループと国家」であり、「われわれはこのような組織を国家資本主義トラストと名づける」(ibid. S. 131. 一八六頁)。

ブハーリンが「世界資本主義」と名づけるのは、このような「国家資本主義トラスト」が排他的に支配する世界のことである。彼はこう述べている。

資本主義の「法則」をなしている資本主義のもっとも一般的な内的諸矛盾は、経済の発展の次のような段階ではじめて表面にあらわれるのである。つまり、資本主義がもう子供ではなくなっている段階、資本主義が社会的経済的生活のおもな形態になっているばかりでなく、もう経済的諸関係の一般的形態に転化している段階、ひとことでいえば、資本主義が世界資本主義としてあらわれている段階で、表面にあらわれるのである。(ibid. S. 191. 二八〇頁)

最後に、ブハーリンのこの本は次のように結ばれる。「こうして、生産の集積を未曾有の高さに高め集中化された生産装置をつくりだした資本主義は、同時に、自分自身の墓掘り人の大軍をもとのえたのである。諸階級の大衝突のなかで、金融資本の独裁にかわって革命的プロレタリアートの独裁があらわれる。「資本主義的所有の晩鐘がなる。収奪者が収奪される」」(ibid. S. 192. 二八二頁)。最後に引用されているのは、『資本論』第一部末尾近くの有名な文章(Marx [1983] S. 609. 九九五頁)である。ブハーリン本人にはもちろんそのつもりはなかったとしても、これはほとんど『資本論』のパロディに近い。

要するに、「世界資本主義」「世界ブルジョアジー」「世界プロレタリアート」と、それぞれの基本的な概念に「世界」という言葉が冠せられてはいるものの、ブハーリンの描く世界は、マルクスが『資本論』第一部で一国経済モデルとして構成した「資本主義社会」の二大階級対立を、そのまま世界規模に拡張した抽象的モデルにすぎないのである。ルクセンブルクなら、そのような「世界資本主義」なるものは「どこにも存在しなかったし、現に存在していない」という一言で批判して済ませることだろう。

この『世界経済と帝国主義』が出版されたのは一九一七年だが、レーニンは一九一五年にブハーリンの原稿を読んでおり、出版時には好意的な「序文」を寄せている。そして、一九一六年に自ら執筆して一九一七年に出版した『帝国主義論』（正確な題名は『資本主義の最高の段階としての帝国主義』）でも、ブハーリンを利用している。

レーニンはこの本で「帝国主義」を次のように定義している。「帝国主義（金融資本が支配的となった体制）は、資本主義が最高度に発達した段階である」（Lenin [1960] S. 242. 一一七頁）。もう少し詳しく言えば、「帝国主義とは、特殊な発展段階に達した資本主義のことである。その段階に至ると、独占体と金融資本の支配が形成され、資本輸出が際立った意義を帯びるようになる。また、国際トラストが世界分割を開始し、資本主義列強が地球上の領土の分割を完了する」（ibid. S. 271. 一七五―一七六頁）。

レーニンは、ブハーリンのように「世界」という言葉を乱発してはいないが、基本的な資本主義認識はほぼ一致することがわかるだろう。「資本主義の最高度の発展段階」とは「国民経済」レベルで「独占体と金融資本の支配」が確立することであり、そのような段階に到達した資本主義が「帝国主義」なのである。そして、現在の状況を特徴づけるのは「帝国主義」諸国による資本輸出であり、「国際トラスト＝資本主義列強」による世界分割の完了だ、ということである（レーニンの経済学について詳しくは、太田［1989］参照）。

ブハーリンとレーニンに共通しているのは、国民経済単位で資本主義の発展段階を区別しようとすること、そして、世界的規模での支配・従属諸関係の多様性と複雑さを視野に収めないまま、図式的な単純化に陥っていること、である。レーニン研究者の太田仁樹の言葉を借りれば、彼らが共に陥っているのは、「眼前の事象を『資本論』の集中・集積の論理の延長によって理解できるという発想」であり、それが「資本主義社会は、一九世紀中葉が正常な姿であり、それ以後の発展は脆弱性の深まりであるという発想」につながっている。そして太田によれば、「以後ロシアのマルクス経済学はこの前提から抜けでることができなかった」（太田［1992］一九六頁）。

これまで見てきたブハーリンの『世界経済と帝国主義』もレーニンの『帝国主義論』も、実際に書かれたのはロシア革命の直前だった。一九一七年一一月（ロシア暦一〇月）のロシア革命の成功によって権力を掌握し、一九一九年にコミンテルンを創立した後にも、彼らの資本主義認識に基本的な変化がなかったことは、前節で見たとおりである。

ブハーリンは、一九二〇年に出版した『過渡期経済論』でも「資本主義世界システム」や「資本主義世界経済」という言葉を使っているが、その内容はこれまでと基本的に変わらない。すなわち、「現代の世界経済システムを構成する単位は個別企業ではなくて、「国家資本主義トラスト」という複合体」（Bucharin [1922] S. 10. 一一頁）であり、このような「国家資本主義トラスト」によって構成される「資本主義世界システム」は、「無政府的世界システム」としての「帝国主義システム」(ibid. S. 188. 二一八頁) にほかならない。しかし、この基盤の上で「世界革命」が準備されているのであり、それによって「共産主義の世界システム das Weltsystem des Kommunismus」(ibid. S. 184. 二一四頁) が成立する、という。

このような、きわめて平板で均質な「世界」認識に基づいて「世界革命」を実現しようとしたのが、コミンテルンを創設したロシアのマルクス主義者たちだったのである。

3 マルクス主義的発展段階論の成立

これまで見てきたことからわかるように、ルクセンブルクとロシアのマルクス主義者たちとの世界認識の違いはきわめて大きなものだった。ルクセンブルクの「違い」は、ロシア革命以後の正統派マルクス主義者の側からは「誤り」と見なされて批判され、長い間、彼女の理論が顧みられることはなかった。そのような状態が大きく変わるのは、一九六〇年代後半である。

エジプト出身の経済学者サミール・アミンは、一九七〇年に出版された大著『世界的規模における資本蓄積』で次のように述べている。

ブハーリンは、世界資本主義システムが同質のものからなっていないこと、つまりそれを資本主義的生産様式と同一視することができないことを理解していない。この著作〔ブハーリンの『世界経済と帝国主義』〕をレーニンは「序文」で称賛しており、このことから考えると前述の「単純化」はブハーリン固有のものではないようである。〔……〕ローザ・ルクセンブルクの偉大な才能は、中心＝周辺関係が本源的蓄積のメカニズムに依存していることを理解した点にある。ここでの問題は、資本主義的生産様式の内的機能に特有の経済的メカニズムではなくて、資本主義的生産様式とそれとは異なる構成体との関係だからだ。（Amin [1971] p. 78. ①九六―九七頁）

アミンは一九七三年の『不均等発展』でもほぼ同じ文章を繰り返しており（Amin [1973a] p. 125. 一四八頁）、さらに同年の著書『不等価交換と価値法則』でも同じようにブハーリンを批判している。

ブハーリンの不十分さは、この場合、世界システムに優越性をあたえたことではなく、このシステムを、資本主義的生産様式として、商品、資本、労働の三者の国際的可動性（われわれが示唆した「賃金率の均等化傾向」）によって特徴づけるという誤りをおかしたことであった。いいかえれば、ブハーリンは、世界システムを資本主義的生産様式の世界的規模への拡大であるとみている。つまり、そこからそれの同質化傾向をみているのである。

（Amin [1973b] pp. 21-22. 一九頁）

アミンは、このようにブハーリンとレーニンを批判し、それと対比させる形でルクセンブルクを評価した。彼は、それを踏まえて自分自身の「世界資本主義システム le système capitaliste mondial」論を展開しているのだが、その詳細は第四章で見ることにしたい。

もう一人、ドイツ出身の経済学者アンドレ・グンダー・フランクも、一九六九年から一九七〇年にかけて執筆した『従属的蓄積と低開発』（出版は一九七九年）の中で、次のようにルクセンブルクの再評価を試みている。

> マルクス自身は、世界資本蓄積の第三段階〔帝国主義段階〕における植民地世界の転形を目撃するほど長生きしなかった。レーニンはこの問題に注意を払ったが、それも主として当面する政治戦略の諸問題と関連しての話にすぎなかった。〔……〕こういった状態の中でしかし一つだけ際立った例外として、ローザ・ルクセンブルクがいた。彼女は、半世紀以上も前に、この問題にかなり注意を払い、理論的総括を試みた（彼女が、剰余価値の実現と中枢の資本主義発展の継続という理論問題への関心からそうしたという事実、またこの点での彼女の理論がレーニン以降の事実上すべてのマルクス主義者によって根拠のないものとして拒否されたという事実は、植民地の転形の彼女の分析そのものの重要性と有益性を減ずるものではない。とりわけ、それ以後の五十年間に彼女の分析をしのぐものはあらわれなかったからである）。（Frank [1979] p. 141. 二〇六—二〇七頁）

このようにフランクは、「レーニン以降の事実上すべてのマルクス主義者」と「一つだけ際立った例外」としてのルクセンブルクとを対比させ、『資本蓄積論』の「重要性と有益性」を高く評価したうえで、次のように彼女を自分自身の「世界資本主義システム world capitalist system」論の直接の先行者として位置づけている。

資本主義発展の十九世紀の帝国主義局面について論じ、また主に中東の経験から分析を引き出しているにもかかわらず、ローザ・ルクセンブルクは、われわれがすでに十六世紀以降のラテンアメリカとカリブ海で直面したような世界資本主義の発展と低開発の植民地資本主義的発展の同じ基本的過程のいくつかを見出している。すなわち、世界資本主義システムの拡張、その植民地構造、中枢との植民地的関係および中枢の発展の利害からひきおこされる植民地における生産様式と経済構造の転形と決定、階級構造と社会組織の意図的・非意図的転形〔……〕、経済的政治的利害関係において中枢と結びついている一階級とその従属的手先の創出ないし統合。

(ibid. pp. 145-146. 二一三頁)

このフランクの「世界資本主義システム」論については、第三章で改めて詳しく見ることにする。いずれにしても、ルクセンブルクの「資本主義世界経済」概念とブハーリンの「資本主義世界システム」概念とが、似たような言葉であるにもかかわらず、内容的にはまったく異なるだけでなく、むしろきわめて対照的な世界認識を表すものだったことは、これで明らかになったと思う。

少し話を急ぎすぎたようだ。一九二〇年代に話を戻すことにしよう。以上で見てきたコミンテルンの「資本主義世界システム」論＝「世界革命」論は、しかしそれほど長くは続かなかった。ロシアは一九二二年に「ソヴィエト社会主義共和国連邦」(ソ連)となるが、一九二四年にレーニンが死去した後、権力を掌握したスターリンは「一国社会主義」論を掲げて、コミンテルンの方針を「世界革命」から「社会主義の祖国」ソ連の防衛へと転換させるからである。

「一国社会主義」論というのは、世界革命を経なくても一国で社会主義の建設が可能だとする考え方で、一九二六年の『レーニン主義の諸問題によせて』でスターリンが定式化したものである。彼はその中で「一国での社会主義の勝利」にかかわる二つの問題を取り上げ、それに次のように答えている。

一つの問題は、一国の力で社会主義を建設しとげることができるかという問題であって、これにたいしては肯定的な答があたえられなければならないが、もう一つの問題は、プロレタリアートの独裁をかちえた国は、他の一連の諸国で革命が勝利しなくても、外国の干渉から、したがってまた、古い秩序の復活からまったく安全であると考えることができるかという問題であって、これにたいしては、否定的な答があたえられなければならない。

(Stalin [1952] S. 55-56. 八五頁)

こうして、ソ連一国における社会主義建設を可能にし防衛するために、他国での革命の勝利が必要とされる、という(ソ連以外の諸国にとっては倒錯的な)論理が成立する。この「一国社会主義」論は一九二八年のコミンテルン第六回大会で採択され、各国の共産党で支配的な見解となった。この大会で採択されたのが「共産主義インターナショナル綱領」であり、その「草案は主としてブハーリンの起草になるものであったが、ソ連邦共産党の政治局が草案の作成に関与していたことは、確かである」（村田［1981］五八八頁）。

この「綱領」では、これまでのブハーリンの文書と比べると、「帝国主義」の時代が「資本主義発展の一般的な不均等性を極度に強め、植民地や勢力範囲の再分割のための金融資本「列強」のあいだの衝突を鋭くする」（Weber [1966] S. 174; 村田［1981］三三〇頁）こと、第一次世界大戦が「世界資本主義のシステム全体をぐらつかせ、その全般的危機の時期の端緒をひらいた」（ibid. S. 179-180; 同上、三三二頁）ことなど、一言でいえば「資本主義の革命的崩壊の不可避性」（ibid. S. 185; 同上、三三五頁）が強調されている。

それと関連するもう一つの大きな変化は、これまでの平板な世界経済認識とは対照的に、「資本主義の発展の不均等性の結果」として一国単位の「資本主義の型」の多様性が強調され、各国が「発展」の程度によって分類され、序列づけられていることである。

この分類によれば、第一の型は、「ブルジョア民主主義的な政治制度がすでにずっと以前から成立している高度の資本主義諸国（アメリカ合衆国、ドイツ、イギリス、その他）」、第二は、「ブルジョア民主主義的変革がまだ完了していない、中位の資本主義発展の水準にある国々（スペイン、ポルトガル、ポーランド、ハンガリー、バルカン諸国、その他）」、第三は、「主要な鉱工業・商業・銀行企業、主要な運輸手段、巨大土地所有、プランテーション、その他が外国の帝国主義グループの手に集中されている植民地・半植民地諸国（中国、インド、その他）と従属諸国（アルゼンチン、ブラジル、その他）」、そして最後は、「原始の氏族形態の遺物がまだ維持されており、民族ブルジョアジーがほとんど存在せず、外国帝国主義がまず第一に土地略奪をこととする軍事占領者という役割を演じている、いっそう遅れた諸国（たとえば、アフリカの若干の地域）」、である（ibid. S. 215-217; 同上、三五一—三五二頁）。

つまり、資本主義が国民経済単位に還元されているだけでなく、各国はそれぞれ「一国での社会主義の勝利」の可能性に応じて序列化されたことになる。このような認識は、マルクスやルクセンブルクの資本主義認識と異なるだけでなく、これまでのブハーリン自身の「世界資本主義」論とも異なるものだった。その後、一九三〇年代に入ってスターリンによる粛清が始まるとコミンテルンの活動家にも影響が及び、一九三七年にはブハーリン自身が逮捕され、一九三八年に「ファシストの手先」として銃殺された。コミンテルン自体も一九四三年には廃止される。ブハーリンの名誉回復が行われ、党籍が復活するのは、ペレストロイカが始まったソ連末期の一九八八年のことである。

このような「一国社会主義」論を踏まえ、第二次世界大戦後の冷戦体制下でソ連マルクス主義の世界認識を基礎づけたのは、「一国発展段階論」とでも言うべき歴史理論だった。その論拠とされたのは、たとえば次のようなレーニンの発言である。一九一九年にスヴェルドロフ大学で行った講演「国家について」で、彼はこのように述べていた。

> 例外なしにすべての国々で幾千年にわたっておこなわれてきたすべての人間社会の発展がしめすところでは、この発展には一般的な合法則性、規則性、継起性がある。すなわち、はじめには階級のない社会——原初の家父長制原始社会があり、〔……〕ついで奴隷制に基礎をおく社会、

奴隷所有者の社会がきた。〔……〕／この形態のあとに歴史上別のある形態がつづいた。――農奴制度がそれである。〔……〕／ついで、商業が発展し、世界市場が成立するにつれて、貨幣流通が発展するにつれて、農奴制社会のうちに新しい階級――資本家階級が発生した。

（Lenin [1961] S. 465-466. 四八二―四八三頁）

このような「例外なしにすべての国々」に適用される「原始家父長制、奴隷制、農奴制、資本主義」という発展段階に、さらに社会主義を付け加えると、五段階の発展段階論ができあがる。この発展段階論は、その後、たとえばソ連邦科学院哲学研究所が出版した『マルクス主義哲学の基礎』（モスクワ、一九五八年）などで「社会の発展法則についての科学としての史的唯物論」の一部として叙述され、「社会主義」諸国の世界史的優位性を保証するイデオロギーとして機能することになる。日本でも広く読まれたこの「教科書」は、次のように述べている。

人類の歴史は、経済的社会構成体が発展し交代する歴史である。原始共同体的構成体にかわって奴隷制的構成体が到来し、封建制度がそれと交代した。封建制度は資本主義体制に席をゆずらなければならなかったし、資本主義体制は、いまや一連の国ぐににおいて、共産主義的構成体の最初の段階である社会主義体制にとってかわられた。

（ソ連邦科学院哲学研究所［1959］六五三頁）

こうして、「人類の歴史」の最新の到達段階である「社会主義」諸国を頂点として、「いっそう遅れた諸国」にいたるまでの各国の序列が成立する。ある国はこの発展段階のどこかに必ず位置することになる以上、またこの序列が「発展」の「進んだ／遅れた」度合いを尺度とする以上、それはまさに各国の「優劣」を示唆する五段階評価として機能する。つまり、この発展段階論に従えば、「社会主義」諸国は、アメリカやドイツ、イギリスなどの「高度に発展した資本主義諸国」よりも一段階「進んでいる」ことになる。要するに、この発展段階論は、アメリカに対するソ連の優位性を人類史的視点から「科学」的に基礎づける理論だったのである。

4　ロストウ――近代化論

冷戦体制の「東側」に成立した「一国発展段階論」は、まるで鏡像のようによく似た理論を「西側」に生み出した。それが、アメリカの経済学者ウォルト・ロストウが提示し、一九六〇年代以降世界的に普及した「近代化 modernization」論である。これは経済成長論の一種で、その主唱者ロストウは、第二次世界大戦中は戦略情報局ＯＳＳ（中央情報局ＣＩＡの前身）、戦後は国務省に勤務してマーシャル・プランにも関与し、一九五〇年からマサチューセッツ工科大学の経済史教授、一九六一年にはケネディ大統領の国家安全保障担当特別補佐官となり、その後の東南アジア政策を担当した人物だった。

ロストウが一九六〇年に出版した『経済成長の諸段階』には「一つの非共産主義宣言」という副題がついている。この副題そのものがこの本の目的を明確に表現している。彼は最初に次のような「問い」を列挙しているが、それ自体が、冷戦体制下でソ連と対抗するための歴史理論の構築という、アメリカ側の切実なイデオロギー的要請をあからさまに映し出している。

伝統的な農業社会はいかなる衝撃の下にその近代化の過程を開始したか。いつ、そしてどのようにして、規則的成長が各社会の特徴として組み込まれるにいたったか。どのような力が持続的成長の過程を推進し、その輪郭を定めたか。成長過程の各社会に共通した社会的・政治的特徴としてどのようなものが各段階において認められるか。そして各社会の独自性が各段階においてどのような方向に自己表現を行なったか。先進地域と低開発地域との関係はどのような力によって決定されてきたか。そして成長の継起の相対関係が戦争の勃発に対してなんらかの関係をもったとすれば、それはどのようなものであったのか。そして最後に、複利的関係〔複利的割合での経済成長〕はわれわれをどこへ連れていこうとしているのか。われわれを共産主義へと連れていこうとしているのか、あるいは社会的間接資本によって快適に仕上げられた豊かなる郊外へか、破壊へか、月へか。さもなければ、いったいどこへ連れていくのか。／成長段階説はこれらの問題を取り扱うようにつくられている。しかもそれは近代史に関するカール・マルクスの理論に代わるべきものである。

（Rostow [1990] p. 2. 四―五頁）

最後の「問い」は、一見すると二者択一のようだが、選択肢には概念的な対称性がない。「共産主義」か「快適で豊かな郊外」か、「破壊へ」か「月へ」か、というのである。突然「月」が出てくるのは、当時のヒット曲『私を月まで連れてって *Fly Me to the Moon*』が念頭にあったのかもしれない。一九五六年にジョニー・マティスが歌った曲だが、その後一九六四年にフランク・シナトラがフォービートのジャズ風アレンジで歌って爆発的なヒットになった。一九六〇年代のアポロ計画ともよく響き合ったのだろう。一九六九年五月に月面着陸への最終リハーサルを目的として打ち上げられたアポロ一〇号では、宇宙飛行士たちがシナトラの歌のカセットテープを船内に持ちこんで聴いたという（「中日春秋」、二〇一四年九月七日付『中日新聞』）。実際に人間をはじめて「月へ」と運んだのは、一九六九年七月に打ち上げられたアポロ一一号だった。

いずれにしてもロストウは、ソ連マルクス主義の五段階論に対抗して、「快適で豊かな郊外」とアポロ計画に代表されるようなアメリカの科学技術力を到達段階として設定する、そのような「成長段階説」を提示しようとした。彼によれば、「その本質においてマルクス主義もまた、伝統的社会が近代工業技術の秘訣を習得することによってどのようにしてその構造の中に複利的関係を確立するにいたったかということに関する理論であり、かつ究極の富裕段階に到達するまでの諸段階に関する理論である」（ibid. p. 145. 一九五頁）からである。

マルクス主義の五段階論に対抗してロストウが打ち出したのは、次のような「五つの成長段階」論だった。すなわち、「すべての社会は、その経済的次元において次の五つの範疇のいずれかにあるとみることができる。すなわち、伝統的社会、離陸《テイク・オフ》のための先行条件期、離陸《テイク・オフ》、成熟への前進、そして高度大衆消費時代のいずれかである」(ibid. p. 4. 七頁)。前節で見たレーニンの定式と同じように、ここでも「すべての社会」がこの五段階のどこかに位置づけられることになる。

それでは、そもそもその五段階はどのような基準で区分された段階なのか。最初の「伝統的社会とは、その構造の発展が、ニュートン以前の科学と技術とに基礎をおくとともに、外的世界に対するニュートン以前的な態度に基礎をおいた、限られた生産函数の枠内にとどまっていた社会である」(ibid. p. 4. 七頁)。ここでは、「科学、技術、生産函数」が段階区分の基準になっている。

しかし、第二の「離陸のための先行条件期」を規定する「決定的な特徴」は、今度は「政治的な局面」である。「政治的にいえば、有効な中央集権的国民国家——伝統的地主階級の地域的利害・植民勢力・あるいはその両者に対抗するところの新しいナショナリズムに動かされた勢力連合のうえに立った——の建設は、先行条件期の決定的な一面であった。そして、それはほとんど例外なしに離陸のための必要条件であった」(ibid. p. 7. 一一頁)。

つまり、まず「中央集権的国民国家」ができなければ、第三段階である「離陸」はない、ということである。そして「離陸」とは、「成長が社会の正常な状態となる。複利的関係がその習慣と制度的構造の中にいわば組み入れられる」(ibid. p. 7. 一二頁)ことである。ここで「複利的関係」と言われているのは、資本の拡大再生産のことであり、それが幾何級数(等比級数)的に進行することである。要するに、「成長が社会の正常な状態となる」のは、資本主義的生産様式が確立して、資本蓄積が行われることにほかならない。

ロストウ自身は「離陸期」を次のように説明しているが、これはマルクスが「本源的蓄積」と名づけた資本主義的生産様式の歴史的成立過程に正確に対応している。ただし、植民地支配や農民からの土地収奪をはじめとするその暴力的側面を捨象して、あくまでも自生的で調和的な歴史的「成長」過程として描き直されたものではあるが。

離陸期においては新しい工業が急速に発展して利潤を生み出し、その利潤の大部分が新しい工場設備に再投資される。そしてこれらの新しい工業が、今度は、工場労働者に対する需要〔……〕の急速な増大等を通じて、都市地域の発展や他の近代的工業設備の拡大をいっそう刺激することになる。〔……〕／農業が商業化するにつれて、新技術が工業におけると同様に農業においても普及していく。そして、新しい方法を受け入れその方法が彼らの生活様式にもたらす深い変化を受け入れようとする農民の数はますます増加していく。離陸が成功するためには、農業の生産性が革命的に増大することが不可欠の条件である。社会の近代化は農業生産物に対する需要を急激に増加させるからである。（ibid. pp. 8-9. 一三頁）

その結果として到来する第四段階が「成熟期」である。「成熟期とは、経済が、その離陸に力を与えた最初の産業を乗り越えて進みうる能力を誇示する段階であり、それはまた経済が（当時における）近代技術の最も進んだ果実を吸収し、かつそれを資源のきわめて広い範囲にわたって〔……〕有効に適用することができる能力を誇示する段階である」（ibid. p. 10. 一四―一五頁）。これは、マルクスの言葉を使えば、「資本主義的生産様式が支配的となった社会」の実現である。

ロストウはそれに続いて、持続的な経済成長の中で輸入依存度が低下し、輸出産業が創出されることで国民経済の自立性が高まる、という過程を描いた後、第五段階である「高度大衆消費時代」の説明に移る。

いまや、われわれは高度大衆消費時代に到達した。そこでは早晩、主導部門が耐久消費財とサービスに向かって移っていく。この局面から、アメリカは抜け出し始めており、西ヨーロッパ諸国と日本はその局面のもつ喜び〔……〕を精力的に探り求めており、ソ連社会はこの局面に対していわば不安ながら色気をみせているといった形である。（ibid. p. 10. 一五―一六頁）

このように、第五段階に到達したアメリカ、到達しつつある西ヨーロッパと日本、それにやや遅れるソ連、という序列を示した後で、ロストウはアメリカが享受している物質的な消費生活の豊かさを具体的に例示する。

消費者主権が支配している場合に、ますます多くの資源が耐久消費財の生産と大規模なサービスの普及とにふり向けられるようになるのもこの時期においてである。ミシン、自転車、種々な家庭用電気機具が次第に普及した。しかしながら、歴史的にみれば、その決定的要因は安い大衆自動車とそれが社会の生活および期待に与えた――社会的であると同時に経済的な――革命的影響であった。／アメリカ合衆国についてみれば、おそらくその転換点はヘンリー・フォ

ードが組立工程に流れ作業を導入した一九一三―一四年であった。　　(ibid. p. 11. 一六頁)

消費者主権の成立、耐久消費財の普及、そして何よりもフォードに代表される「安い大衆自動車」の実現と普及、それがロストウにとっての歴史の到達点なのである。フォードが「T型フォード」を発売したのは一九〇八年（同型モデルの生産終了は一九二七年）、組み立て工程にベルトコンベアを導入したのが一九一三年だった。このT型フォードの価格は、発売間もない一九〇九年には九五〇ドルだったが、大量生産方式の確立を経た一九二四年には二九〇ドルまで引き下げられた（速水［2011］六三頁）。当時の金本位制では一ドル＝金一・五グラムだったので、現在の金相場からすると当時の一ドルがほぼ現在の六〇ドルに相当する。したがって（一ドル＝一一〇円で計算すれば）、当初は六二七万円ほどだった自動車価格が、一五年後には一九一万円程度にまで低下したことになる。

いずれにしても、マイカーとマイホームのある「快適で豊かな郊外」生活こそ、「社会主義」に対抗してアメリカがアジア諸国に提示した歴史の到達点だったのである。そしてロストウは、このような経済成長の歴史を、どの国がこの目標により早く到達するかという、文字通りの「国別トラックレース」として図解している（Rostow [1990] p. xviii. 二九頁）。

それによれば、イギリスは歴史的に最も早く一七八〇年代に「離陸」し、一八四〇年代に「成熟」期に入ったが、最も早く「高度大衆消費」時代に入ったのは、一九二〇年代のアメリカ合衆国である。ロシアは一八九〇年代に「離陸」して一九五〇年代現在「成熟」期に入っており、中国とインドはようやく「離陸」しつつある。したがって、アメリカや西欧に比べれば、ロシアは一段階、中国は二段階も遅れた国にすぎない。ロストウの図式では、「すべての社会」が消費の量的拡大の実現速度という一元的な基準によって比較され、資本主義か社会主義かという体制の違いは消去されるのである。

アメリカに倣って、そしてアメリカの援助を受け入れて、アメリカ製品を享受する「豊かな」消費生活（「アメリカ的生活様式」）を実現するか、それとも「貧しい」社会主義にとどまるか。近代化論のイデオロギー的機能は、きわめてわかりやすいものだった。アメリカの歴史家ハリー・ハルトゥーニアンの言葉を借りれば、「近代化の言説がなし遂げたことは、資本主義の問題を近代性とよばれる抽象的概念に、またその概念を実現するための過程の問題にすり替えてしまったことである」（Harootunian [2004] p. 4. 二四頁）。

しかし、問題はそれだけではない。近代化論は「政治を経済成長の問題として理解し、資本主義的発展にむかって〝離陸〟するための政策を実行する政府ならばどのような政府でも民主的である（開発の名のもとに敷かれた独裁体制であっても）、とした」（ibid. p. 42. 七一頁）。要するに、「ロストウはソヴィエト共産主義に対抗する経済成長の青写真を思い描きながら、実際は資本主義そのものを肯定的に語りなおしていたにすぎない」（ibid. p. 61. 九三頁）のである。

こうして、一九六〇年代の初頭には、ソ連型マルクス主義とアメリカの近代化論という双子のようによく似た発展段階論が成立していた。この二つの理論は、冷戦体制の東西の両側から、鏡像を見るように互いを見つめ合っていたのである。

第三章　フランク——「低開発の発展」

1 プレビッシュの「中心／周辺」論

ロストウの『経済成長の諸段階』が出版された一九六〇年は、「アフリカの年」と呼ばれた年でもあった。旧フランス植民地を中心に、アフリカでは一七の国が独立を実現し、脱植民地化の道を進み始めた。これに先立って一九五五年にバンドンで開かれた「アジア・アフリカ会議」では、ヨーロッパ諸国とアジア・アフリカ地域との間の「支配・被支配関係の連鎖を断ち切るために、旧植民地諸国が経済基盤を多様化させ、国内の製造能力を発展させることが提案された」(Prashad [2007] p. 44. 六八頁)。一九五二年八月には、反植民地主義を掲げるフランスの新聞『オプセルヴァトゥール』に、人口学者アルフレッド・ソーヴィが「三つの世界、一つの地球」という論説を寄稿し、「第三世界 Tiers Monde」という概念を提起していた (Sauvy [1952] p. 14. Cf. Prashad [2007] p. 6. 二五頁)。

このような植民地・旧植民地の経済発展を課題とする国際連合機関の一つとして一九四八年にチリのサンティアゴに設立されたのが「国際連合ラテンアメリカ経済委員会 Comisión Económica para América Latina = CEPAL」(英語表記では ECLA) だが、その委員長に就任したのがアルゼンチンの経済学者ラウル・プレビッシュだった。彼はさらにその後一九六四年に新設された「国際連合貿易開発会議 United Nations Conference on Trade and Development = UNCTAD」の事務局長に就任するが、このUNCTADがまさに南北諸国間の交渉の舞台となる。

プレビッシュは一九六三年に『ラテンアメリカの動態的発展政策を目指して』という報告書を発

表している。そこで彼が提示したのが、世界経済を「中心部 centre」と「周辺部 periphery」との不均等な関係として見る認識だった。彼はこう述べている。

発展政策は、ラテンアメリカの現実の事態の正しい解釈に基づかなければならない。われわれがこれまで受け入れてきた世界経済の中心部出自の諸理論は、しばしば間違った主張を広範な適用可能性があるものとして受容させている。周辺部にいるわれわれに本質的に課せられているのは、自分たちでこれらの理論を訂正すること、そして諸理論をわれわれ自身の状況に沿わせるために必要な、動態的諸要素を導入することである。(Prebisch [1963] p. 16)

抑制された言い方だが、これは明確な近代化論批判である。「中心部」の「間違った主張」をそのまま「周辺部」に適用することはできない。「現実の事態」そのものが違うからだ。彼は「中心部諸国と周辺部諸国の差異」について、次のように指摘する。近代化論が主張するような、自由貿易を通した「技術進歩と技術移転による生産性の増加」という「議論は、すべての国が発展の同じ段階に到達した世界においては認められるかもしれない。しかし、大中心部〔the great centres〕と周辺部諸国〔peripheral countries〕との間に現在明白に存在する不均衡が依然として存続する間は、そうではない」(ibid. p. 81)。

プレビッシュによれば、中心部と周辺部との間には、交易条件の「根本的な差異」がある。第一に、中心部からの輸出の主力は工業製品だが、これは「需要の所得弾力性」が高く、新製品や新型への需要が持続的に拡大する。それに対して、周辺部からの輸出品は鉱物資源や農産物などの比較的低価格な「一次産品」であり、これへの需要は比較的ゆっくりとしか拡大しない。第二に、中心部の工業国では農業労働から工業労働への人口移動が急速に起きたが、周辺部諸国では農村の過剰人口が工業部門に吸収されないまま人口の大きな割合を占めている。「その結果、生活手段を失った人口が労働吸収的活動の賃金水準に及ぼす引き下げ圧力は、先進的中心部では比較的弱く、周辺部諸国では比較的強い」(ibid. pp. 81-82)。

したがって、工業的中心部と農業的周辺部との貿易によって、一次産品輸出に依存する周辺部の「交易条件」(輸出商品と輸入商品の交換比率)は悪化するのであって、同じ輸出量に対してより少ない輸入量しか獲得できなくなり、実質所得は減少することになる。このような貿易を通して周辺部が「離陸」のための条件を蓄積することはできない、ということである。周辺部が発展するためには、別の理論に基づく別の政策が必要になる。

プレビッシュは、翌一九六四年に改めてUNCTADの事務局長名で、『発展のための新しい貿易政策を目指して』という報告書を発表する。いわゆる『プレビッシュ報告』である。そこでも彼はほぼ同じ主張を繰り返している。つまり、現在の世界には、工業諸国での高賃金と農業諸国での低賃金という「根本的な不均衡」があり、それは「工業的中心部と周辺部諸国との構造的差異の一つの帰結」だということである。さらに、工業的中心部で行われている自国の農業に対する保護政策は、明らかにこの「交易条件の悪化傾向」を助長し、「中心部での一次産品への需要と周辺部での工業製品輸入への需要との不均衡を一段と強める」ことになる(Prebisch [1964] p. 15)。プレビッシュはこう続けている。

想像をたくましくすれば、遠い未来において、世界的規模での工業化過程の結果として、問題の〔交易条件悪化〕傾向が消失した動態的均衡状態というものを思い描くことは可能である。しかし、もし先進的中心部自身がまだこの段階に到達するのに成功していないとすれば、世界経済の周辺部の諸国が短期間のうちにそうなると期待するのは、ほとんど無理な話である。

(ibid. p. 15)

このことからわかるように、プレビッシュが認識していた世界経済の「根本的な不均衡」とは、周辺部諸国が一次産品輸出額の伸び悩みと中心部からの高額の工業製品輸入によって輸入超過に陥っている状態である。したがって、これはルクセンブルクが「資本主義世界経済」における「経済的従属関係」の第三の型として分類したものに近い。第一章第4節で見たように、ルクセンブルクは、そのような輸入超過の差額を支払うためにトルコや中国がヨーロッパの銀行から借入をし、その利子の返済を通して「富裕な大資本家的な西ヨーロッパとそれによって吸い取られる貧しくて遅れている東洋とのあいだの独特な関係」(Luxemburg [1975b] S. 555. 六〇頁)が形成されることを指摘していた。これとほぼ同じ関係がラテンアメリカにも存在する、ということである。

このような現状を前にしてプレビッシュが「先進的中心部」に要求したのは、ヨーロッパ諸国やアメリカが「一次産品全般に関する保護主義」(Prebisch [1964] p. 31)を放棄すること、そして、工業諸国間の貿易を「高度に特化された複雑な製品と技術進歩によって不断に創造される新製品とに集中」することによって、「周辺部からの工業製品輸出への十分な余地を残す」(ibid. p. 35) ようにすること、であった。他方、「周辺部諸国」に求められるのは、輸入代替工業化政策による「世界経済の周辺部の工業化」(ibid. p. 101) という選択である。そのためには、一次産品輸出に依存するモノカルチュア経済を変革しなければならない。

このようにプレビッシュが「中心部」と「周辺部」という言葉を使って説明した世界経済の根本的不均衡とは、かつての宗主国と旧植民地との間にいまなお存在する「経済的従属関係」のことだった。彼は、UNCTADでの交渉を通して中心部諸国の譲歩を引き出しながら、周辺部が工業化する道を目指したのである。

この『プレビッシュ報告』が出た翌年、アフリカの旧イギリス領植民地で一九五七年に独立したばかりのガーナの初代大統領クワメ・ンクルマは、この「経済的従属関係」に「新植民地主義」という新しい名前を与えた。そして彼は、プレビッシュやUNCTADとは異なって、ガーナを資本主義世界経済から切り離して独自の社会主義を実践しようとした。ンクルマは一九六五年に『帝国主義の最終段階としての新植民地主義』を出版し、そこでこう述べている。

新植民地主義の本質とは、新植民地主義に従属する国家が理論的には独立しており、国際的な主権国家のうわべの装飾をすべて付けているということだ。ところが実際には、その国家の経済システム、したがってその政治的方針は、外部から操られているのである。

（Nkrumah [1965] p. i）

インド出身の歴史家ヴィジャイ・プラシャドの言葉を借りれば、「皮肉にもこの本の内容は彼〔ンクルマ〕の運命を予言することになった」（Prashad [2007] p. 110. 一四〇頁）。カカオ輸出国だったガーナの経済は国際市場でのカカオの価格の暴落によって急速に悪化し、一九六六年にはＣＩＡに支援されて文字通り「外部から操られている」軍部がクーデタを起こしたために、ンクルマはギニアへの亡命を余儀なくされたからである。

他方では、アメリカが主導権を握っていた国際通貨基金ＩＭＦもまた、ＵＮＣＴＡＤの政策を阻害する側に回った。ここでもプラシャドの言葉を借りれば、「ＩＭＦが債務国に要請したのは、世界資本主義システムに完全に組み込まれることである。自立経済を目指して保護政策を打ち出したり、国内の発展に特化した改革を行なったりするなど、決して許されないことであった」（ibid. p. 233. 二七一頁）。

こうして、ＵＮＣＴＡＤが提起した周辺部諸国の輸入代替工業化という政策は挫折することになる。プレビッシュ自身、一九八〇年には次のような自己批判を表明している。「私たちは成長率の増加がすべての問題を解決すると考えた。これは大きな過ちだ」。工業化政策と同時に必要だったのは、むしろ「社会構造の変化」、「根本的な社会変革」だったのである（Prebisch [1980] pp. 15-18. Also cf. Prashad [2007] p. 73. 九九頁）。しかし、それはほとんどの地域で実行されずに終わった。

2 フランクの「低開発の発展」

プレビッシュの「中心部／周辺部」という概念は、近代化論が想定した「すべての社会」に適用される普遍的な発展段階論を批判し、かつての宗主国と旧植民地諸国との「不均衡」を表現するために考え出されたものであった。この「中心部」をプレビッシュは「工業的中心部 industrial centres」「先進的中心部 the advanced centres」などと表現しているが（Prebisch [1964] p. 15）、他方で「周辺部」を「発展途上諸国 the developing countries」（ibid. p. 35）とも言い換えている。

今ではこの「発展途上諸国」という言い方が一般的になっているが、一九六〇年代には、旧植民地や従属諸国に対する名称としては「低開発諸国 the underdeveloped countries」のほうが一般的だった。そして、『プレビッシュ報告』の問題提起を受けながら、この「低開発」という状態を規定する世界的構造を具体的に解明しようとした最初の試みが、アンドレ・グンダー・フランクの「低開発の発展」というテーゼだった。彼は、一六世紀以来のラテンアメリカ地域、特にチリとブラジルの研究を通して、いわゆる「低開発」状態はたんに歴史的発展の「遅れ」や封建制の残存などの「前近代性」にあるのではなく、まさに「開発」された状態、つまり「世界資本主義システム」によって創り出され押しつけられたものであることを明らかにしようとしたのである。

フランクはドイツの生まれだが、第二次世界大戦が始まった後の一九四一年に家族と共にアメリカに移住し、シカゴ大学に入学して新自由主義経済学の祖ミルトン・フリードマンの下で経済学を学んだ。しかし、経済学の目的と意義（効率か公正か）をめぐってフリードマンと対立したために正規の研究職に就くことができず、アメリカ、カナダ、ヨーロッパの大学を転々とした後、一九六二年にラテンアメリカに移住して、ブラジリア大学、メキシコ国立自治大学、チリ大学で教えることになった（フランクとフリードマンの関係について詳しくは、中山［2013］を参照されたい）。

その後フランクは一九六七年にパリでサミール・アミンと知り合って意気投合し、一九六八年からはチリ大学で、同じサンティアゴを拠点とするCEPALのプレビッシュ理論の影響を受けながら、新たな理論を構築していった。また、一九七〇年のチリ大統領選挙で社会主義者アジェンデが当選し、彼の率いる人民連合政権が成立すると、政権の経済顧問に就任する。しかし、一九七三年九月一一日にCIAの全面的支援を受けたピノチェト将軍による軍事クーデタが起き、アジェンデ大統領自身が銃撃戦の末に死亡して政権が崩壊した後、フランクは国外に脱出してヨーロッパに逃れた。このチリのクーデタをドキュメンタリータッチで描いたのが、一九七五年制作のフランス・ブルガリア合作映画『サンチャゴに雨が降る』（原題は *Il pleut sur Santiago*）である。フランクは、その後ドイツやイギリスの大学を経て一九八一年にオランダのアムステルダム大学の教授となり、一九九四年に退職するまでそこで開発経済学を教えた。なお、チリが民政移管するのは一九八九年になってからである。

フランクは二〇〇五年に亡くなるが、友人だったアミンは弔辞の中で、一九六七年にはじめてフランクと会ったときの会話について次のように証言している。

長いこと話をして、私たちは知的な波長が合うことを確信した。当時支配的だった「近代化論」は、第三世界の「低開発」は資本主義の諸制度の形成が遅れていて不完全であるせいだと見なしていた。共産党に代表されるマルクス主義正統派は、マルクス主義版の近代化論を提示していて、ラテンアメリカを「半封建的」と特徴づけていた。フランクは、それとはまったく異なる新しい考え方を主張した。ラテンアメリカはそもそものはじめから、ヨーロッパの大西洋岸に新たに興隆しつつある中心部に対する周辺部として、資本主義的発展の枠組みの内部で構築されてきたのだ、ということである。（Amin [2005] p. 1）

フランクは、アミンと会う前年の一九六六年に、すでに自分の「新しい考え方」に「低開発の発展 the development of underdevelopment」という意表を突く表現を与えていた。このテーゼは最初、同名の論文として一九六六年九月の『マンスリー・レヴュー』に発表され（Frank [1966]）、翌年に出版された著書『ラテンアメリカにおける資本主義と低開発――チリとブラジルの歴史的研究』で実証的な歴史研究という形で提示された。その中でフランクは、プレビッシュの「中心／周辺」という言葉を自分なりに補足しながら、「チリにおける資本主義的低開発の発展」について次のように述べている。

本論の主張するところは、チリの低開発が四〇〇年にわたる資本主義の発展と資本主義自体の内部矛盾の必然的な産物だという点にある。その矛盾とは、多数者からの経済余剰の収奪と少数者によるその流用、資本主義システムの中枢〔metropolitan center〕と周辺衛星部〔peripheral satellites〕への両極分解であり、さらにあらゆる時と所でのこれらの矛盾の持続と再生によって、資本主義システムの拡張や形態変化の歴史を通じてその基本構造が連続することである。このような資本主義の諸矛盾や資本主義システムの歴史的発展は、経済余剰を収奪された周辺衛星部に低開発を生みつつ、その余剰を流用している中枢に経済発展を招く。／〔……〕広く受け入れられている見解に反して、チリその他の場所の低開発は生来の事情でも伝統的な事情でもない。また低開発は、現在の先進資本主義諸国がかつて通過した歴史的経済成長段階でもない。

(Frank [1967] p. 3. 三〇頁)

これは、近代化論に対する正面からの批判であると同時に、正統派マルクス主義の発展段階論に対する明確な批判であった。フランクが主張したのは、中枢諸国の「経済発展」と周辺衛星諸国の「低開発」の持続は、発展段階の違いなどではなく、同時に進行する相互規定的な過程だ、ということである。フランクはこう続けている。「経済発展と低開発は同じコインの背中合わせの両面である。両者は世界資本主義システム〔the world capitalist system〕の内部矛盾の必然的結果であり現代的表現である」(ibid. p. 9. 三六頁)。

しかも、それは国家間の関係であるだけではない。それは各国内部の地域間、とりわけ都市と農村の間、工業的中心地と農業地域の間にも見られる関係なのである。「この中枢―周辺衛星部という矛盾した関係は、最上層の中枢国の世界的中心地から、あらゆる国家、地方、地域、企業の中心地を通じて、連鎖状をなして世界資本主義システム全体を貫いている」(ibid. p.10. 三六頁)。

なぜそうなるのか。それは、「いったん一国ないし一国民が外国の資本主義的中枢国の衛星国に転落すると、すぐさま中枢国―衛星国の搾取的な構造が国内の人民の経済的、政治的、社会的生活を組織化し支配するに至る。資本主義の諸矛盾は国内段階で再生産し、国内中枢には発展に向かう傾向を、国内衛星部には低開発に向う傾向を生むに至る」(ibid. p. 10. 三七頁)からである。

したがって、フランクによれば、世界資本主義システムの「中枢―周辺衛星」関係を前提とする限り、周辺衛星部諸国の自立的発展はありえない。周辺衛星部に位置する国家自体がさらに国内の中心地と国内の周辺衛星部に枝分かれし、国内中心地は、国外の世界的中枢に従属しながら国内周辺衛星部の経済余剰を収奪する、という複雑な利害対立が重層的に積み重ねられているからである。

このような立場から、フランクは輸入代替工業化政策をも批判している。それは、第二次世界大戦と戦争直後の一時的な状況に依存した、はかない希望にすぎなかった。彼はこう述べている。

時折、衛星諸国の支配者集団が工業化、開発をよりいっそう自立してとりかかることが自らの利益になると考えることがあるとしたら、それは、世界資本主義システムの基本的構造が変化したからではなく、世界資本主義システムの不均等発展と戦争で疲弊した歴史的発展のため、衛星国が中枢国に依存する度合が一時的に衰微したという理由からだけである。不況や戦争の間、ラテンアメリカ衛星国の工業と経済の発展は実によくすすんだ。しかし、その後、中枢国が回復と拡大を迎えるか、または衛星国との積極的統合を取り戻すと、この発展は再び中断し、

再び低開発へ落ちこんだ。　（ibid. p. 28. 五二頁）

要するに、多少の揺れ動きはあるものの、周辺部では、工業的発展そのものが世界システムの枠内での「低開発的発展」（ibid. p. 145. 一四八頁）に制限されてしまう、ということである。それでは、ラテンアメリカ諸国はどういう道を選択すればいいのか。

フランクは、引き続き一九六九年に『ラテンアメリカ――低開発か革命か』を出版する。そこで彼が改めて強調したのが、近代化論に対する批判だった。

次のような説をよく聞かされる。すなわち、経済発展は資本主義の諸段階を連続的に追って進むのであって、今日の低開発諸国は、今日の先進諸国がずっと以前に通過した一歴史段階（場合によっては、もっとも原始的な歴史段階）にあるものだという。〔……〕しかし歴史の研究が示すように、現代の低開発は大部分、過去も現在も続いてきている衛星的低開発諸国と発展した中枢諸国との間の経済をはじめとする諸関係の歴史的所産にほかならない。しかも、これらの諸関係こそ、世界的規模での資本主義システムの構造と発展の本質的部分をなしているのである。

（Frank [1969] p. 4. 一五頁）

近代化論への批判と並んで、もう一つフランクが強調したのが、ラテンアメリカの大土地所有制度を資本主義以前の「封建的」な生産様式だと規定する、正統派マルクス主義の発展段階論に対する批判だった。彼によれば、ラテンアメリカの大土地所有制度は資本主義が入り込む以前の「遅れた」制度などではない。むしろ逆なのだ。

国際的レベルでの発展と低開発との関係に類似して、低開発国におけるいわゆる後進的あるいは封建的な地域の現在の低開発的諸制度もやはり、国内先進地域のいわゆる資本主義的制度と同様に、すべて単一の資本主義発展の歴史過程における産物にほかならない。(ibid. p. 5. 一六頁)

フランクによれば、「封建的」とされる地域には二つの類型がある。一つは、「かつて砂糖輸出地域であった西インド諸島やブラジル東北部、かつて鉱業〔銀鉱山〕で栄えたブラジルのミナスジェライス、ペルー高原、ボリビア、メキシコ中央部のグァナフアト、サカテカス両州等の地域」などの輸出用一次産品の生産地域である。これらの例が示しているのは、「今日もっともひどい低開発状態にあり、しかも封建的相貌を呈している地域こそ、かつて中枢国との絆がもっとも密接だった地域」(ibid. p. 13. 二三―二四頁)だということである。

もう一つの類型は、「ラティフンディオ」と呼ばれる大土地所有制の下での農業地域である。これには「アシエンダ」という不在地主所有農場と「プランテーション」という大規模な資本主義的農業経営が含まれるが、いずれにしても、それらは「典型的にひとつの商業的企業として生まれたものであり、そして内外市場における需要拡大に土地、資本、労働の増大でもって応え、その製品の供給をふやす制度を自ら創出していった」(ibid. p. 14. 二四頁)。つまり、それは資本主義世界システムに包摂され、世界市場向けのモノカルチュア型一次産品生産地域が成立したことを受けて、それらの地域を含む内外市場での食料品需要の拡大に対応するために作り出された、新しい生産様式なのである。

したがって、「一九世紀のアルゼンチンとキューバにおけるラティフンディオの成長」や、二〇世紀に復活した「アメリカ市場向けに生産しているメキシコ北部のラティフンディオ」、あるいは「ペルー海岸やブラジルの新しいコーヒー栽培地」などが典型的に示しているように、それは「植民地時代における封建制度の移入」に由来する遺制ではけっしてない（ibid. p. 14. 二五頁）。したがって、それらは近代化＝資本主義的工業化によって克服されるはずの「過去の段階」などではないのである。

3 資本主義的低開発か社会主義革命か

それでは、「低開発」を強いられてきたラテンアメリカ諸地域には、どのような選択肢が残されているのか。それに対する答えが、一九六九年の著書の副題に掲げられた「低開発か革命か」という二者択一だった。もう少し正確に言えば、「資本主義的低開発か社会主義革命か」（Frank [1969] p. 371. 二二四頁）という二者択一である。

一九六七年の著書では、フランクはチリの現状と未来についてこう述べていた。「この低開発は今後、資本主義のさらなる発展によっても取り除かれえないし、取り除かれないだろう。したがって、チリ人民が資本主義そのものから自らを解放するまで、チリの構造的低開発は生成深化するばかりであろう」（Frank [1967] p. 3. 三二頁）。もちろん、これはチリに限らない。「この資本主義構造からの解放あるいは世界資本主義システム全体の解体がないかぎり、資本主義的衛星となった諸国、地方、地域、地区は低開発の業病におかされているのである」（ibid. p. 11. 三七頁）。

それでは、世界資本主義システムから「自らを解放する」というのは、具体的にどういうことなのだろうか。一九六九年の著書では、フランクは、「衛星国がつながれている中枢国との絆が非常に弱いならば、〔衛星国は〕めざましい経済発展、とりわけきわめて古典的な資本主義的工業発展を経験する」、という「仮説」を提示している（Frank [1969] p. 9. 二〇頁）。その古典的な例として彼が挙げるのが、日本である。

国際的にみるならば、世界資本主義システムの衛星化をまぬがれ工業化を遂げた古典的なケースとして、明治維新以後の日本があげられよう。では、資源の豊富なラテンアメリカ諸国とロシアが工業化を遂げず、ロシアなどは日本と同じく四〇年の間発展に努めたのに、一九〇四年の日露戦争に敗れ、他方、資源に乏しいものの、衛星国化をまぬがれた日本が一九世紀末に急速な工業化ができたのはどうしてだろうか。〔……〕すなわち、他の国が衛星化されたのに対して、日本は徳川、明治時代に衛星化せず、それゆえその発展が構造的に制約を受けることがなかったからである。（ibid. p. 11. 二一―二二頁）

しかし、「衛星化」を免れた日本が「世界資本主義システム」から「解放」されたわけではない。この例が示しているのはむしろ、「衛星化」を免れた国が独自に本源的蓄積を強行し（地租改正や官営工場設置）、さらに対外戦争によって新たな周辺部（台湾、朝鮮、満洲）を獲得することで、「中枢国」の側に移行することがありうる、ということである。つまり、歴史的条件によっては、ある国や地域の世界資本主義システム内部での構造的位置が変化することはありうるのである。現にフランクは、日本とは逆のケースとして、かつてはラテンアメリカの植民地に対する「中枢国」だったスペインとポルトガルが、「現在では低開発国となった」（ibid. p. 6. 一七頁）ことを指摘している。

したがって、フランクが望むのは、チリやブラジルが日本のような形で資本主義的工業化を遂げることではない。彼が最終的に望むのは、ラテンアメリカ諸地域の「資本主義そのもの」からの解放、あるいは「世界資本主義システム全体の解体」だからである。しかし、それがきわめて困難な課題であることは言うまでもない。だとすれば、いまここでは、そのために何が必要なのか。

フランクによれば、ラテンアメリカの現在の階級関係や政治的支配の構造、さらに社会の文化的構造そのものが、スペインとポルトガルによる植民地支配の結果として歴史的に形成されたものだが、それはさらに内部化して、「国内植民地主義」を生み出している。

この植民地構造はラテンアメリカ全体に広がり、国内中枢は地方中心部を、後者は〔地方の下位区分である〕地域中心部を同じような国内植民地主義のもとに隷属させる。そうした構造が完全にすみずみまでいきわたっているため、たとえ植民地構造がラテンアメリカの階級構造を決定しているといっても、ラテンアメリカの基本的諸矛盾が「国内的」であることにはかわりがない。（ibid. p. 371. 二二四頁）

つまり、世界資本主義システムの「中枢―衛星」関係は、国内の、地方内の、さらに狭い地域の中にも浸透し、その地域の政治的支配と経済的階級支配の関係を規定している、ということである。そうだとすれば、植民地が政治的に独立すること、旧植民地が経済的に旧宗主国や中枢国から自立しようとすることは、それ自体では「国内植民地主義」を解消することにはならない。

だから、フランクはこのように述べる。「もっとも幅広い反帝国主義諸勢力の政治的同盟によって行なう民族主義的動員は、当面の敵階級に十分いどむことができない。一般的にいっても、それによっては敵である帝国主義との間にさえ現実的で必然的な対立をもたらすことはできない」（ibid. p. 371. 二二五頁）。要するに、ラテンアメリカを経済的従属関係に置いているイギリスやアメリカ合衆国の支配に反対するナショナリズム的動員は、ラテンアメリカ現地の国内中枢部の「民族ブルジョアジー」を利するだけで、階級的支配構造そのものを変革することにはならない、ということである。

したがって、フランクの結論はこうである。「戦術的にいえば、ラテンアメリカにおける民族解放の当面の敵はブラジル、ボリビア、メキシコなどの民族ブルジョアジーであり、ラテンアメリカ農村部の地方ブルジョアジーである」（ibid. p. 371. 二二四頁）。別の言い方をすれば、「中枢国ブルジョアジーに対する反帝闘争によりラテンアメリカの階級闘争が戦術上優先する」(ibid. p. 372. 二二五頁)、ということである。

これは、すべての国の「離陸=資本主義的工業化」を推奨する近代化論に対する反対であるだけでなく、ラテンアメリカ諸地域を「封建制」と規定する正統派マルクス主義の「反帝国主義」論に対する批判でもあった。マルクス主義の発展段階論に従えば、封建的な社会の課題は「ブルジョア民主主義的変革」にあったからである。

実際に、フランクの理論は、アルゼンチン出身のマルクス主義者エルネスト・ラクラウから厳しい批判を受けることになる。アルゼンチンで国民左翼社会党の政治活動に従事した後、一九六九年にイギリスに亡命したラクラウは、一九七一年に論文「ラテンアメリカにおける封建制と資本主義」を『ニュー・レフト・レヴュー』に発表し、その中で、フランクは「資本主義的生産様式」と「世界資本主義経済システムへの参加」とを混同していると非難したのである(Laclau [1971] pp. 37-38)。

ラクラウによれば、「資本主義の基本的な経済関係は、自由な労働者がその労働力を販売することによって構成されている。こうした労働者の必要な前提条件は、直接生産者が生産手段の所有を失うことである」(ibid. p. 25)。しかしながら、現在のラテンアメリカの「土着の人口が稠密な地域――メキシコ、ペルー、ボリビアあるいはグアテマラ――では、直接生産者は生産手段の所有を略奪されておらず、他方では、多様な賦役労働制度を最大限に拡張する経済外的強制が〔……〕次第に強化された。西インド諸島のプランテーションでは、経済は奴隷労働によって構成された生産様式に基づいていたが、鉱山地域では、資本主義的プロレタリアートの形成とは似ても似つかない奴隷制の偽装された形態や他の型の強制労働が発展した」。したがって、ラテンアメリカに現に存在するのは「資本主義的生産様式」ではないし、それを資本主義的と規定する「フランクの「資本主義」命題は弁護の余地がない」(ibid. p. 30) というのである。

このようなラクラウのフランク批判は、たんに資本主義という言葉の定義の仕方にとどまるものではなく、そもそもフランクの言う「世界資本主義システム」とはどのような「世界システム」なのか、そしてそれはどのような意味で「資本主義的」なのか、という世界認識の根本にかかわる批判だった。さらに、実践的にラテンアメリカの社会変革に関する戦略と戦術に大きな違いをもたらすものでもあったことは言うまでもない。したがってこれは、ルクセンブルクの「資本主義世界経済」論に対するロシア・マルクス主義者の批判とほぼ同じ意味をもつ、いわば世代を超えた反復なのである。

第一章第4節で見たように、ルクセンブルクにとって資本主義とはそもそも非資本主義的な生産諸様式を従属的に包摂した「世界経済」としてしか存在しえないものであった。今一度『資本蓄積論』から引用すれば、「剰余価値の実現ならびに不変資本の諸要素の調達という二つの見地からすれば、世界交易——与えられた具体的諸関係のもとでは、本質的には、資本主義的生産形態と非資本主義的生産形態とのあいだの交換である世界交易——は、もと〳〵資本主義の歴史的な一実存条件である」(Luxemburg [1975a] S. 308. 下四二二頁)。その点はフランクも同じである。フランクがルクセンブルクを自らの「世界資本主義システム」論の先行者と見ていたことは、すでに第二章第3節で見たとおりである。

このラクラウのフランク批判に反応し、フランクを擁護したのが、主著『近代世界システム』の第一巻を書き上げたばかりのイマニュエル・ウォーラーステインだった。彼は、一九七四年九月に雑誌『社会と歴史の比較研究』に論文「世界資本主義システムの勃興と将来における死滅――比較分析のための諸概念」(Wallerstein [1974b])を発表し、そこでラクラウの主張を紹介した後、それを批判してこう述べている。

しかし、イギリスあるいはメキシコあるいは西インド諸島は分析単位だろうか。それぞれが、別々の「生産様式」をもっているのだろうか。そうではなくて分析単位(一六―一八世紀の間の)はイギリスおよびメキシコを含むヨーロッパ世界経済(the European world-economy)ではないのか。

(Wallerstein [1979] p. 10. 一一頁)

ウォーラーステインは、このように「世界経済」というルクセンブルクの用語を分析単位として使っている。しかも、ラクラウが「資本主義的生産様式」の定義はマルクス本人に従うものだと強調するのに対して、ウォーラーステインはルクセンブルクの『資本蓄積論』からマルクスの本源的蓄積論に対する批判的コメントを引用し、「ローザ・ルクセンブルクは、この特殊な議論におけるマルクスの曖昧さと不整合性を解き明かす手がかりを的確に指摘している」(ibid. p. 8. 九頁)と評価する。そしてさらに脚注で、「中核」と「周辺」との関係に関する「彼女の洞察力は申し分のないものである」(ibid. p. 8. 四四頁)と付け加えたのである。

こうして、ルクセンブルクの問題提起はフランクだけでなくウォーラーステインにも引き継がれることになる。すなわち、「資本主義と世界経済（すなわち、単一の分業のもとにあり、しかも多数の国家組織と文化からなる）は同じコインの二つの表面なのである。一方は他方の原因とはならない。分割できない同じ現象が異なった特性によって定義されているだけなのである」（ibid. p. 6. 七頁）。このウォーラーステインの「近代世界システム」論については、第五章で改めて詳しく検討することにしよう。

4　カルドーゾの「周辺工業経済」論

次の章に移る前に、フランクの二冊目の著書と同じ一九六九年に発表され、その後ラテンアメリカ諸国で広く読まれた、フェルナンド・エンリケ・カルドーゾによるラテンアメリカの従属経済に関する研究を見ておくことにしよう。

カルドーゾはブラジルの社会学者で、一九六三年にサンパウロ大学教授に就任するが、一九六四年にアメリカの支援を受けたブランコ将軍のクーデタが起きるとチリに亡命し、チリ大学で教鞭をとりながら、同時にＣＥＰＡＬの下部機関である「ラテンアメリカ経済社会計画研究所 Instituto Latinoamericano de Planificación Económica y Social = ILPES」に勤務して、プレビッシュの影響を受けた。カルドーゾはブランコ将軍死後の一九六八年に帰国してサンパウロ大学に戻るので、同年にチリ大学に赴任したフランクとはすれ違いということになるが、一九七二年にメキシコで開かれた「ラテンアメリカ社会科学委員会 CLACSO」の会議では、フランクやアミンと同席している（Amin [2005] p. 1）。

カルドーゾは、一九六九年にエンソ・ファレットとの共著『ラテンアメリカにおける従属と発展』をスペイン語で出版している。共著者のファレットは開発経済学を専門とするチリ大学教授で、一九六四年のＩＬＰＥＳのセミナーにプレビッシュやカルドーゾと共に参加して以来の同志であり、後に一九七三年から一九九〇年までＣＥＰＡＬのコンサルタントを務めることになる人物である。カルドーゾの後年の証言によれば、この共著も「そもそも当初は、ラウル・プレビッシュに提出する報告書として執筆されたものであった」（カルドーゾ〔2012〕一三頁）。

したがってこの本の著者たちも、プレビッシュが問題提起し、フランクが発展させた世界認識の枠組みから出発する。すなわち、「先進経済／低開発経済」という言葉に代えて「中心経済／周辺経済」という概念を用いることで、「同一のグローバルな生産構造における位置と役割の不平等」(Cardoso y Faletto [2003] p. 24. 四九頁）を指摘し、近代化論によって「「発展」と「資本主義システム」という二つの概念が混同された」（ibid. p. 31. 五六頁）ことを批判して、「世界資本主義システム〔sistema capitalista mundial〕の総体」（ibid. p. 43. 七五頁）を検討の対象とすることである。

他方、フランクとは異なるカルドーゾたちの第一の独自性は、周辺部の「従属状況」を考察するために、「ヘゲモニックな中心の動態に結びついている」「国内の政治的・社会的諸要因」、とりわけ「国内の社会階級・集団間の同盟」の多様性について、緻密な分析を試みたことにある。なぜなら、「国民経済の国際市場への統合のあり方は、各国の社会集団相互の、そして外国の諸集団との間に築かれたさまざまな形態の関係を前提としている」（ibid. p. 28. 五二―五三頁）からである。たとえば、一九世紀のラテンアメリカでは、世界市場に統合された「近代的大農園〔プランテーション〕とそれに付随する都市の商業・金融集団」と、国内・域内市場向けの穀物生産や牧畜を行う大農園で、農園主の家父長的支配を特徴とする「伝統的「アシエンダ」」との間に利害対立と闘争があり、その「闘争と同盟を通じて」周辺部国家が形成されたのである（ibid. p. 47. 八〇頁）。

カルドーゾたちのもう一つの独自性は、「周辺工業経済 economías industrial-periféricas」という概念を使って二〇世紀のラテンアメリカの現状を説明しようとしたことにある。彼らによれば、「周辺経済と国際市場との結びつきは、以前のように輸出入だけでなく、中心経済による新しい周辺国市場への直接工業投資が加わった中心・周辺関係によって構築される」のであり、現在では「証券投資」よりも、「少数の企業による民間直接投資」という形での「製造業部門への外国投資」が増加しているのである（ibid. p. 144. 二四五頁）。

しかし、このような形での中心部多国籍企業による周辺部の工業化は、近代化論が想定するような自律的発展ではなく、「依然として他律的で偏っている〔……〕従属」的なものであることに変わりはない。なぜなら、「工業部門の発展は、生産システムの新たな型の多様化を補完する資本財と原材料の「輸入能力」に依存（これによって金融的従属の結びつきが深まる）し続けており、さらに、この形態の発展は国内市場条件の国際化を前提としている」（ibid. p. 147. 二四七頁）からである。

それでは、現在のラテンアメリカにはどのような変革の可能性が残されているのか。これについても、カルドーゾたちの結論はフランクとは異なる。前節で見たように、フランクは「資本主義的低開発か社会主義革命か」という二者択一を提示して、民族ブルジョアジーや地方ブルジョアジーとの階級闘争を最優先課題と見なした。それに対して、カルドーゾたちは、民衆の側に関しても、「社会階級・集団間」の諸関係の多様性と複雑さを指摘する。周辺部における変革主体は、けっして一枚岩ではない、ということである。彼らはこう述べている。

周縁大衆の動員を通して現状《ステータス・クオー》を変革しようとする試みは二つの弱点を抱えている。一つは、これらの大衆にまとまりがなく、生きることに精一杯で上昇志向を抱きにくいことであり、もう一つは、新たな発展と従属の基盤が賃金労働者層の分裂を引き起こすことである。先進資本主義部門の賃金労働者層は発展の恩恵を蒙り、下からの圧力をある程度緩和する。彼らの要求は、都市、農村いずれの大衆の要求からも離反する。(ibid. p. 158. 二五八頁)

しかし、とカルドーゾたちは続ける。「従属の基本的な経済的諸条件」を変革することはたしかに難しいが、重要なのはむしろ「これらの経済的諸条件と政治的利害、イデオロギー、社会集団間の関係を律する法のあり方」との組み合わせである。「したがって、発展への「構造的障壁」と従属を克服できるか否かは、個別に捉えた経済的諸条件ではなく、むしろこれらの「経済的諸条件」を有効に利用できるようにする権力の駆け引きに依存している」。言い換えれば、重要なのは、「反対勢力(実在するものであれ、潜在的なものであれ)がラテンアメリカの従属的工業諸国を活性化しうること、また、さまざまな社会運動や政治運動を行う構造的可能性が残されていること」(ibid. p. 165. 二六八頁)なのである。

したがって、労働者諸階級や農民諸階級にどのように政治的利害を提示し、どのような思想(夢や未来)を語り、同盟関係を組織化するか、それが問題だということになる。この本の結語は、次のようなものであった。

歴史がたどる具体的な道は、所与のさまざまな条件によって制約されているとはいえ、歴史的に実現可能な目標に向かって行動しようとする人々の大胆さにかかるところが大きい。したがって、将来起こることの道筋を理論的に予測しようという無益な考えは捨てることにしよう。それは、理論的予測よりも、政治的意思につき動かされた集合的行動にかかっている。構造的には可能性にすぎないことを現実に変えるのは、そうした集合的行動なのである。

(ibid. p. 166. 二六八頁)

この本を出版した後、カルドーゾは実際に政治活動に参加し、一九七八年には上院の補欠選挙で当選して上院議員となった。この一九七八年に再版された『ラテンアメリカにおける従属と発展』に彼は「追記」を書き、一九六〇年代を次のように総括している。これは、フランクの提示した二者択一に対する批判的総括でもあるだろう。

一九六〇年代にはキューバ革命の存在が、ラテンアメリカの民衆勢力の方針に大きな影響を与えた。ゲバラの威光とゲリラ集団の軍事行動がほぼ完全に大衆政治にとって代わった（すでに理論上は暗黙の前提であったが）ことは、ラテンアメリカの革命運動に大きな分裂をもたらした。革命運動は、ほぼラテンアメリカ全域で失敗した。（ibid. pp. 191-192. 二九六頁）

一九七八年の時点でも、カルドーゾは現状を次のように把握している。「寡占的な国際資本主義を背景とする、周辺工業国における従属資本主義の特徴は、多国籍企業と国営企業経営者と現地ブルジョアジーの同盟に基づく国家主導型の発展にある。この同盟を通して、これら三者は社会の残りの部分を支配する」（ibid. p. 205. 三〇九頁）。しかしながら一九六九年と大きく違うのは、このような「企業家的で抑圧的な国家」が、一方では「現地における資本蓄積をも実現する歴史的能力を備えるようになる」という認識である。それにもかかわらず、他方では、国家が国民的利害から「離反する」こと、それが「ラテンアメリカの現形態の従属的発展に特有の矛盾」（ibid. p. 208. 三一二―三一三頁）だというのである。

要するに、ラテンアメリカにはすでに自律的発展の経済的諸条件が整いつつある、ということである。そして一九七八年のカルドーゾは、一九六九年とは異なり、もはや民衆の側の階級的多様性と利害相反を強調しない。したがって、実現すべきは「実質的な民主化」だということになる。すなわち、「国民的なるものと民衆的なるものを最優先させられるように〔……〕官僚主義や独裁体制から自由に代替的なモデルを構想」すること（ibid. pp. 209-210. 三一四頁）、言い換えれば、「経済発展や民主的社会をめざす要求を基に、真に民衆的な諸勢力の活力の象徴としての国家を構築すること」(ibid. p. 213. 三一七頁)である。

このように「実質的民主化」論者に変貌したカルドーゾは、その後、一九八八年の「ブラジル民主社会党PSDB」結成に参加し、政治家として一九九二年に外務大臣、一九九三年には財務大臣を歴任した後、一九九四年の大統領選挙に当選して一九九五年から二〇〇三年まで二期八年間にわたって大統領を務めた。

ちなみに、カルドーゾは大統領退任後の二〇〇四年にブラジルで出版された『ラテンアメリカにおける従属と発展』のポルトガル語新版に「序文」を寄せている。そこで彼は、三五年前の著書を「今日「グローバリゼーション」と呼ばれている事態の特徴を分析した最初の研究の一つ」(カルドーゾ[2012]一八頁)と位置づけたうえで、「グローバリゼーションの進展とともに、国境を越える移動を通じて相互連関が生まれるにしたがい、中心・周辺という概念そのものが有効性を失いつつある」と述べている。しかし、それにすぐ続けて、「それは、各国における繁栄の孤島を同質化する一方、一国内の地域間の距離を拡大する」(同上、一九頁)、と付け加えている。つまり、現在では「中心/周辺」構造は大陸間や国家間の関係というより、むしろ一国内部の地域間格差として再生産されている、ということである。このような現状認識の妥当性については、終章で改めて論じることにしたい。

第四章　アミン――「不等価交換」

1 「世界的規模における蓄積」

これまで見てきたように、中心部と周辺部との支配従属関係を含む「世界資本主義システム」という概念は、フランクやカルドーゾによってラテンアメリカの地域研究を踏まえて生み出されたものだった。この概念をアフリカの現状に即して検証し、さらに広く、文字通り世界的規模で適用される歴史理論へと鍛え直したのが、エジプト出身の経済学者サミール・アミンである。

アミンはエジプト人の父とフランス人の母との間にエジプトのカイロで生まれ、パリ大学で経済学を学んだ後、一九五七年に帰国してエジプトの経済開発局に勤務した。しかし、一九六〇年にアブドゥル＝ナーセル大統領政権による共産党弾圧が起きると、アミンはフランスに亡命、その後一九六二年に旧フランス領セネガルのダカールに「国連アフリカ経済開発・経済計画研究所 Institut Africain de Développement Économique et de Planification＝IDEP」が設立されると、翌年その所員となり、一九七〇年から一九八〇年まで所長を務めた。二〇一五年現在もダカールの国連大学第三世界フォーラム部会長を務めている（cf. Amin [2015]）。

そのアミンがダカール大学での講義をもとにして一九七〇年に発表したのが、大著『世界的規模における資本蓄積』だった。これはダカール大学に設置された「ブラック・アフリカ基礎研究所 Institut Fondamental d'Afrique Noire＝IFAN」とパリのアントロポ出版社から共同出版され、翌年すぐに第二版が出ている。

この著作でアミンはまず、フランクやウォーラーステインと同様に、「世界資本主義システム le système capitaliste mondial は、抽象的にすら資本主義的生産様式には還元されえない」こと、また「〔ベネズエラの〕オリノコ川原住民が住んでいる所のようないくつかの「民族学上の保留地」は別として、現代社会はすべて世界システムに組み込まれている」ことを指摘する。そのうえで、彼は次のように述べている。

> 開発世界（中心部〔le centre〕）の構成体と、低開発世界（周辺部〔la périphérie〕）の構成体との関係は、価値の移転に帰着する。そしてそれが、世界的規模における資本蓄積という問題の本質を構成する。資本主義的生産様式が前資本主義的生産様式と関係をもつときには常に、資本の本源的蓄積のメカニズムの結果として、前資本主義的生産様式から資本主義的生産様式への価値の移転が生じる。このメカニズムは資本主義の前史に固有なものではなく、現在においても同様に存在する。世界的規模における資本蓄積の理論の領域を構成するのは、様相は一新されているが、執拗に中心部に有利に働く資本の本源的蓄積の諸形態である。
> （Amin [1971] p. 11. ①一七―一八頁）

つまり、「世界的規模」における「中心部」と「周辺部」との関係の核心にあるのは、「本源的蓄積のメカニズム」の結果として起きる「価値の移転」だというのである。この問題に着目したのがアミンの第一の独自性であり、その「価値の移転」を引き起こす「不等価交換」の仕組みを経済学的に説明することが彼に課せられた課題だった。

ちなみに、アミンは一九七一年の「第二版へのあとがき」で、「このイニシアティヴはプレビッシュに属しており、われわれは本書で、不等価交換論が彼によってうちたてられたことを示した。〔……〕また、プレビッシュが指導したCEPAL（国連ラテンアメリカ経済委員会）にも、われわれが属する批判的理論の本質を負っている」（ibid. pp. 615-616. ③二六八頁）と明言している。しかし、事実上の不等価交換が行われていることを「交易条件の根本的差異」という言い方で最初に告発したのがプレビッシュだったとしても、それに「不等価交換」という表現を与えて問題提起したのはギリシャ出身の経済学者アルジリ・エマニュエルの著書『不等価交換』（Emmanuel [1969]）であり、さらにエマニュエルの議論を踏まえて「不等価交換」論を理論的に確立したのは、やはりアミンである。この「あとがき」は、プレビッシュをはじめとするラテンアメリカの理論家たちへのアミンなりの敬意の表明だと受け取ればいいだろう。

アミンの第二の独自性は、「不等価交換」を可能にする周辺部の構造分析を行った結果、世界資本主義システムに統合された「低開発」社会を「周辺資本主義構成体 formation du capitalisme périphérique」という概念で定義し直したことにある。周辺部では、資本主義的生産様式が支配的である中心部とは異なり、資本主義の支配の下に複数の異なる生産様式が存在する独特の「社会構成体」が成立している、ということである。彼は「低開発」社会の「構造上の特徴」として「（1）部門間生産性の不均等、（2）経済システムの非接合性、（3）外部からの支配」（Amin [1971] p. 25. ①三三頁）の三点を挙げ、それを次のように具体的に説明している。

周辺部には、一定の軽工業部門を有するような「低開発諸国のなかでもっとも発展した国」も存在するが、そのような国でさえも「基礎産業をもたないため、最終消費財を供給するこれら軽工業は、設備と半製品を供給する外部世界にまったく依存している」。したがって、工業化はそれ自体では国民経済の「「統合」効果をもたない」。そして、このような「非接合性」は、「外国経済につぎ足された経済の第三次産業部門（輸送・貿易・金融業）にも同じようにあてはまる」（ibid. pp. 26–27. ①三五頁）。

このような構造上の特徴から考えれば、「「低開発諸国」を「開発諸国」の発展途上の初期段階と同一視する」（ibid. p. 17. ①二四頁）近代化論が間違っていることは明らかである。したがって、発展の「遅れ」を意味する「低開発」や、「第一世界」や「第二世界」との関係を隠してしまう「第三世界」などの「間違った概念」は放棄されるべきであり、周辺部に位置して資本主義的中心部に支配される独自の社会構成体、を意味する「周辺資本主義構成体という概念」（ibid. p. 32. ①四一頁）に置き換えられるべきなのである。

それでは、そのような「周辺資本主義構成体」から中心部への「価値の移転」とは、どのようなことを意味するのだろうか。

第二章第3節ですでに見たように、この本の中でアミンは、ブハーリンやレーニンとは違って、「中心＝周辺関係は本源的蓄積のメカニズムに依存している」ことを理解したのがルクセンブルクの「偉大な才能」だったと述べている。そのルクセンブルクと同じように「資本主義的生産様式とそれとは異なる構成体との関係」について考察したもう一人の人物としてアミンが評価したのが、ロシアの経済学者エフゲニー・プレオブラジェンスキーだった。アミンはこう述べている。

プレオブラジェンスキーは〔ルクセンブルクと〕同様の趣旨で、このような交換について次のように書いている。／それは「ある経済システムまたは一国の比較的少ない労働量と、他の経済システムまたは他国の比較的多い労働量との交換」である。／このとき不等価交換がおこりうるのである。

(ibid. pp. 78-79. ①九七頁)

ここでアミンが引用しているのは、プレオブラジェンスキーの主著『新しい経済学』の一節である。プレオブラジェンスキーは一九〇三年に一七歳でボリシェヴィキに参加したロシアの革命家で、一九二〇年にブハーリンとの共著『共産主義のＡＢＣ』(Bucharin und Preobraschensky [1920]) を出版しているが、一九二一年以降の「工業化論争」では「新経済政策 NEP」に反対してブハーリンと論争し、一九二六年に『新しい経済学』を出版した。彼はトロツキーとともにスターリンに対する左翼反対派を構成し、「大粛清」の中で一九三六年に逮捕されるが、自白も自己批判も拒否したため、一九三七年に裁判なしに非公開で処刑された。その結果、『新しい経済学』はソ連では禁書とされたが、一九六五年にイギリスで英語訳が出版されている。ちなみに、プレオブラジェンスキーの党籍が回復されたのはソ連末期の一九八八年、公式に名誉回復されたのは一九九〇年のことである。

プレオブラジェンスキーの『新しい経済学』は、一九二〇年代のソ連で進行中の社会主義建設の現状と課題を理論的に説明しようとする試みであり、彼の理論の独自性は、労働生産性の異なる部門間の「不等価交換」を、国家による暴力的強奪とは区別される「経済的手段による本源的蓄積」と見なすところにあった。彼は、「わが国に農村との不等価交換が存在すること」（Preobrazhensky [1965] p. 5. 一三頁）を認めたうえで、「遅れた農業国」において社会主義的な工業化を実現し、「国営経済が資本主義に対する純経済的な優越をついに達成する」までは、「国営経済全体の外部に存在する供給源から〔……〕物的資源を国家の手中に蓄積する」ための「社会主義的な本源的蓄積」（ibid. p. 84. 一一四頁）が必要不可欠であることを主張したのである。

プレオブラジェンスキーによれば、そもそも「資本主義においては、大生産と小生産との間の不等価交換、特に資本主義的工業と農民的農業との不等価交換は〔……〕純経済的な関係および原因の面についていえば、小生産に比べて大生産の労働生産性が高いことを示す単純な表現なのである」（ibid. p. 5. 一三頁）。そして、それと同じ関係は、「世界経済における不等価交換」にも当てはまる。それは、「「正規」の貿易に基づいて、少ない労働量をより多くの労働量と交換すること」（ibid. p. 85. 一一五頁）による蓄積、もう少し正確に言えば、「ある経済制度または一国の比較的少ない労働量と、他の経済制度または他国の比較的多い労働量との（不等価）交換による蓄積」（ibid. p. 91. 一二二―一二三頁）なのである。

典型的な「不等価交換」は、もちろん宗主国と植民地との関係である。たとえば、「イギリスの植民地向け輸出品と、植民地からの輸入品とについて価値分析をしてみると、等価物として交換されている大量商品が、その労働支出量においては不等であることをつねに確認することができる」。

そして、そのような「労働支出量の不等」を規定するのは、「植民地または経済後進国における有業人口のかなり低い生活水準と、とりわけ、労働者の低い生活水準および低賃金水準である」(ibid. p. 92. 一二三―一二四頁)。

つまり、労働生産性が同じという条件で同じ時間働いたとしても、生活水準と賃金水準の低い植民地(あるいは「経済的後進国」)の労働者の生産物は、宗主国の労働者の生産物よりも低い価格しかもたない、ということである。その結果、宗主国と植民地との間で商品の「等価交換」が行われているように見えても、実際には、植民地労働者の「より多い労働量」の成果と宗主国労働者の「より少ない労働量」の成果とが交換されているのであり、それは価値を生み出す人間労働の平等性という基準から見るならば、「不等価交換」にほかならない、ということなのである。

このようにプレオブラジェンスキーが宗主国と植民地との間、そしてソ連の都市と農村との間に存在すると見なした「不等価交換」を、世界的規模で成立している中心部と周辺部との関係に即して具体的に検討したのが、アミンの不等価交換論だった。

2 国際特化と不等価交換

アミンが解明しようとしたのは、現在の世界資本主義システムの中心部と周辺部との間に「不等価交換」が成立する経済的メカニズムである。彼は次のように述べている。

開発諸国と低開発諸国の貿易の分析には交換の不等価性が認められる。すなわち今日そうであるように、同じ生産性の労働にたいしても、周辺部においてはより低い報酬しか支払われないのである。この事実は、周辺部で支配的な資本による労働力余剰の組織化政策（経済政策および一般政策）をもちださねば説明されえない。いかにして資本は周辺部のプロレタリア化を組織するのか、また、いかにして資本がそこで押しつける特化は、需要と関連して労働力供給の絶えざる過剰と増大を生じさせるのか、これが、問われている事実の説明のために解決されねばならない真の問題である。

（Amin [1971] p. 80. ①九八頁）

アミンは、この「周辺部を支配している資本の経済政策」の研究について、「このうちもっとも緻密で説得力のあるもののひとつが、アリギによるローデシア〔現ジンバブエ〕における労働市場の発展史の研究である」(ibid.) と述べている。ここで彼が名前を挙げているイタリアの経済学者ジョヴァンニ・アリギは、ミラノの生まれで、ミラノのバッコニ大学で経済学を学んだ後、一九六三年に南アフリカのローデシア・ニアサランド大学に職を得てローデシアの政治経済を研究していたが、一九六六年に政治活動を理由にローデシア政府に逮捕されて国外追放となっていた。

アミンが言及したアリギの研究（Arrighi [1966]; Arrighi [1970]）は、一九世紀末に「イギリス南アフリカ会社」によるローデシアの鉱山開発が始まってから第二次世界大戦後にいたるまでのローデシアの政治と経済を分析したものであり、特に一九七〇年の論文「歴史的に見た労働供給——ローデシアにおけるアフリカ人農民のプロレタリア化の研究」は、ローデシアにおける「労働の「無制限の」供給は、かなりの程度「本源的蓄積」過程の結果であり、この過程では市場メカニズムよりもむしろ政治的メカニズムが支配的であって、この過程を通して農民と資本主義的諸部門との間の労働生産性の不均衡が次第に拡大された」(Arrighi [1970] p. 197) ことを実証的に明らかにしたものだった。

アリギはそこで、フランクの一九六七年の著書への参照を指示しながら (ibid. p. 234)、ローデシアの「二重構造 dualism」は、フランクがラテンアメリカについて指摘したのと同じように「資本主義それ自体の発展の結果であった」と述べ、そのうえで、「「本源的蓄積」とは、非市場的メカニズムが支配的で、それによって資本主義的部門の生産性と非資本主義的部門の生産性との間の不均衡が拡大される過程」(ibid. p. 222) だと定義している。

このようなアリギの研究を紹介した後で、アミン自身はこう付け加えている。「このように賃金〔の抑制〕が周辺部で進展してきたこと (これが不等価交換の基礎である) を説明するのは、「市場法則」ではなくて、単に周辺部で実行されてきた本源的蓄積政策である」(Amin [1971] p. 81. ①九九頁)。つまり、「真の問題」とは、今なお依然として継続している資本の「本源的蓄積」なのである。

通常の拡大再生産の対極にある本源的蓄積の特性は、厳密にいって不等価交換にあり、不均等な価値 (より正確に言えば、マルクス的意味での生産価格の不均等) をもつ生産物の交換にある。〔……〕ルクセンブルクの功績は、まさに現代社会特有のこうした本源的蓄積のメカニズム、すなわち厳密な意味での「第三世界からの収奪」のからくりを指摘したことにある。
(ibid. pp. 106–107. ①一二八―一二九頁)

前節で見たように、アミンは、カルドーゾたちと同様に、一九六〇年代には中心部からの投資(政府借款や開発援助)によって周辺部諸国でも一定の工業化が進行していることを観察していた。しかし、それは、近代化論が言うように周辺部諸国が「先進国」の後を追って「離陸」しつつあるということではない。「国際特化」、つまり周辺部諸国に強制された国際分業の主要な形態が、プランテーション型モノカルチュア農業を典型とする従来の輸出用一次産品生産から、工業製品生産へと変化したということにすぎない。「特化そのものの不平等性のゆえに、中心部に有利な本源的蓄積のメカニズムは恒常的なものであり、周辺部の役割は、たとえ新しいとされる特化形態のもとでも本質的に変わりはしないのである」(ibid. pp. 108–109. ①一三一頁)。

そこに働いている本源的蓄積のメカニズムは、「(一)市場を拡大し、剰余価値率が中心部よりも高い地域〔つまり、労働力の価値が中心部よりも低い地域〕を新たに開発することによって、(二)労働力と不変資本のコストを引き下げることによって、利潤率の傾向的低下に反作用しているのである」(ibid. p. 119. ①一四四頁)。

しかし、それでは、そもそも周辺部ではなぜ高い剰余価値率と低い労働力コスト(つまり低賃金)が、可能になるのか。アミンは、周辺部の工業化が引き起こす状況を次のように説明している。「輸入代替工業が周辺諸国でつくりだされるとき、それはあまりにも「資本集約」的近代技術の助けを借りるために、資本主義的生産様式の侵入によって生じた失業者を吸収することができない」(ibid. p. 178. ②二五—二六頁)。

つまり、一方では、外部から進出してきた資本が現地の産業構造を破壊し、工業製品に太刀打ちできなくなった伝統的な手工業者層から仕事を奪い、大量の失業者を生み出す。他方では、新たに創り出される工業部門は「資本集約」的であるため、工場設備や機械などへの投資に比べて、雇用される労働者の数は相対的に減少する。こうして、新しい工業部門に吸収されない相対的過剰人口が生まれ、労働市場における競争が激化し、賃金の引き下げ圧力を高める。その結果として、周辺部では低賃金が可能になるのである。

> 手工業者層の崩壊、そのほんの部分的な再就職、この崩壊が反映する産業予備軍の増大しつつある重みなどが、賃金水準を引き下げる。〔……〕しかしながらこの低下は、本質的な現象の起源である。つまり〔中心部との間で〕交換される価格(より正確には、用語のマルクス主義的意味における生産価格)のあいだの不平等性が増大していくことである。すでに見たように、現代の本源的蓄積の主要なメカニズムはここにある。(ibid. p. 183. ②三一頁)

このメカニズムは、現地の賃金水準を引き下げるので、その結果として中心部と周辺部との実質賃金の大きな格差を生み出す。「すると、外国資本の投資を可能にする追加的動機が現われる。これらの資本によって設立された企業の生産性が、中心部諸国の生産性に近いときには、中心部よりも低い賃金のために周辺部では、より高い利潤率を可能にするのである」(ibid. p. 206. ②五五頁)。これが現代の多国籍企業の行動原理となる。より質の良い(従順で勤勉な)労働者、そしてより安い人件費。それを求めて、企業は進出できるところならどこにでも進出する。実際にアミンは、一九七三年の著書『不均等発展』では、「現代」の世界資本主義システムの特徴として、「巨大な多国籍企業の形成」と「巨大多国籍企業の手に技術知識が集中されていること」を挙げている(Amin [1973a] p. 162. 一九一頁)。

このようにして周辺部に外国からの投資による輸出工業部門が据え付けられると、それに対して競争力をもたない現地資本は、「できるかぎり競争のない補完的部門、とりわけ仲買業やサービス業など、あるいはもしその余地があれば、輸出農業部門を選択することになる」(Amin [1971] p. 206. ②五五頁)。しかしながら、周辺部諸国に広く見られる「きわめて生産性の低い第三次産業部門(小商業とりわけ行商業、さまざまなサービス業)の肥大は、偽装失業の表われである」(ibid. p. 224. ②七六頁)。このように肥大化した第三次産業部門における「偽装失業」は、輸出工業部門の労働者の賃金をさらに押し下げる圧力として働くことになる。

以上が、アミンが「周辺資本主義構成体」と名づけた周辺部社会の基本的構造である。彼は、このような認識に基づいて、具体的に「エジプトのケース」「マグレブのケース」「コートジボアールのケース」について詳しく検討し、そこから、前章で見たカルドーゾたちと同じように、周辺部の労働者諸階層の複雑で不均等な状況を明らかにしている。

第一に、「低開発諸国のもっとも恵まれない人々、とりわけ農民層」の内部に「非常に大きな格差」

が見られること（ibid. p. 317. ②一七九頁）、第二に、「プランテーションもしくは都市の近代的経済では、未熟練賃金労働者大衆、とくに比較的数が多い農業労働者や都市の人夫たちは、国のもっとも恵まれない社会層を構成している」のだが、「さらに都市の失業や無土地農民の不完全就業が、しばしば未熟練者である不完全就業大衆のなかで不安な比率にまで達することによって」、それとは対照的な位置にある「熟練賃金労働者（労働者および事務職員）が〔……〕「特権的」感情をひきおこす」こと（ibid. p. 318. ②一八〇―一八一頁）、第三に、「低開発諸国では、国民総生産の成長にともなって（ゆるやかに）上昇する労働者大衆の平均所得と、最熟練カテゴリーの所得の格差は拡大せざるをえない」こと（ibid.）、である。

このように、中心部資本主義が周辺部に進出し、周辺部の内部に複雑で不均等な生産諸部門の並存状況を創り出し、その結果として大量の偽装失業状態と低賃金労働を含み込む労働者諸階層の格差を生み出したこと、そのこと自体が周辺部と中心部との間に「不等価交換」を成立させる基盤となっている。これが、アミンが解明した構成体の構造だった。

こうして成立する「不等価交換」のメカニズムについて、アミンは一九七三年に出版した『不等価交換と価値法則』で次のような理論的補足を付け加えている。

国際的な不等価交換が生じうるための唯一必要な条件は、当然のことであるが、実質賃金が比較可能であるということ、すなわち、賃金財《wage goods》が国際商品であることである。なぜならそれらがもしそうでないとしたら、諸国民システムは、たんに接合されたにとどまり、統合されてはいない相互に孤立したものになるであろうから。世界資本主義システムは存在しないことになろう。なぜならそれは、定義により、諸商品の国際的な、世界的な性格をふくむからである。

（Amin [1973b] p. 63. 六四頁）

もちろん、実質賃金が比較可能であるからこそ、中心部の資本は低賃金で労働者を雇用できる周辺部への直接投資を行い、工業化を推進するのである。現在の多国籍企業の工場進出戦略はそのことで成り立っている。しかし、実質賃金が比較可能であることと、労働力商品の国際市場が成立していることとは、別のことである。

現実には、以前から、労働力の価格が低い周辺部からそれが相対的に高い中心部への労働者の国境を越えた移動（移民）が行われてきた。しかし、このような労働力移動は、それによって労働力の国際市場価格が成立するほどの規模で「自由に」行われているわけではない。他の商品とは違って、言語や文化の壁があるために労働力の国際的な移動が困難であること、さらに政治的な壁である「国境」によって人間の移動が国家によって管理され制限されることこそが、周辺部での低賃金を成立させているからである。

つまり、「賃金労働者の国際的な非可動性」が「不等価交換」を可能にしているのである。しかし、「この非可動性が不等価交換を可能にするのは、まさに資本主義的様式が他の生産諸様式を支配しているからである」（ibid. p. 65. 六五頁）。

周辺部諸国では、このような「中心部による支配のメカニズム」が作動する結果として、「輸出活動や軽工業部門に有利に働く経済の歪曲、第三次産業部門の「異常肥大」などが引き起こされ、それによって「不等価交換」が可能になる。それは同時に、「成長に比例して低開発の「構造的」特徴の悪化、もしくは厳密にいえば、低開発の発展」(Amin [1971] p. 46. ①五八―五九頁)が進行する、ということである。それが、「周辺資本主義構成体」と名指された周辺部社会の現状であった。

3 周辺部の変革可能性

それでは、周辺部諸国にはどのような選択肢があるのか。周辺部諸国が「低開発の発展」から脱して自律的発展を遂げることは不可能なのだろうか。アミンは次のような現状認識を示している。

低開発諸国の労働者の異なるカテゴリーの報酬レベルにおける絶対的および相対的な格差、とりわけ農村と都市の格差、熟練労働者と未熟練労働者階級の格差、大企業に雇用された労働者とその他の企業に雇用された労働者の格差〔……〕は、まとまりのある国民〔une nation cohérente〕を建設するための障害になっている。(Amin [1971] p. 320. ②一八三頁)

要するに、周辺部諸国は、政治的には国家としての独立を達成できたとしても、経済的な生産諸部門間の「不均等性」や「非接合性」が存在するために、そこには「言葉の経済的な意味においては真の国民は存在しないし、統合された国内市場も存在しない」(ibid. p. 324. ②一八七頁)というのである。

したがって、政治的に独立した旧植民地が、中央銀行を設立して独自の通貨を発行したとしても、経済的に自立したことにはならない。「交換関係が国際特化、すなわち世界市場への統合にもとづいているかぎり、貨幣はいぜんとして世界システムの低開発周辺部からその開発中心部への価値移転機構の効率的な手段〔……〕でありつづけている」(ibid. p. 381. ③一二頁)。なぜなら、周辺部では、「だいたい少額の外国為替による準備を保有する発券銀行にたいして、ほとんど無制限な資金を自由裁量するアメリカやヨーロッパの大銀行の支店が対抗する」(ibid. p. 415. ③五三頁)からである。

それでは、周辺部諸国は現状に甘んじる以外に別の選択肢はないのだろうか。そもそも世界資本主義システムの構造そのものが変化する可能性はないのだろうか。アミンは、一九七〇年の時点で世界システムの近未来を次のように見通している。

第一に、東ヨーロッパ(ソ連とその衛星諸国)の世界市場への漸進的統合と、つづいてこれら諸国の近代化。第二に、オートメーション、原子力と宇宙の征服をもって、市場の進化にたいして重要な可能性を開くことができる現代の科学技術革命。最後に第三として、まさに現代の技術革新が可能にした新しい型の国際特化にもとづいた「第三世界」への資本主義の拡張の新しい波。この枠内において、中心部諸国は超近代的な活動に「特化」するであろうし、今まで中心部諸国のみに限定されていた古典的工業形態が周辺部に割りあてられるだろう。さらにいっそう、中心部の要請に「適合する」ことによって周辺部は、世界的規模における蓄積のメカニズムにおいて重要な役割を演じるであろう。
（ibid. p. 528. ③一七六頁）

第一の事態は、その後まさに「漸進的」に進行し、一九八九年の東欧革命と一九九一年のソ連解体という激動を経て、今なお進行中である。第二は、ＩＴ革命やロボット化を加えれば、これも今まさに進行中の事態であり、それと連動する第三は、中国や東南アジア諸国をはじめとする「発展途上国」の急速な工業化を予言するものだったと言うことができるだろう。これらの総体が、「グローバリゼーション」と呼ばれる過程の経済的内実をなしている。一九七〇年の時点におけるアミンの見通しの的確さに改めて驚くしかない。

しかし、これは周辺部諸国にとって、けっして心休まる展望ではなかった。従属的工業化という形態での「国際特化」とそれに基づく中心部への「価値の移転」は持続しているからである。それは、第一に、「低開発諸国の対外赤字の恒常的傾向、さらに低開発諸国のますます慢性的になる対外支払いの「困難」によってめだつ傾向」（ibid. p. 561. ③二一一頁）を強化し、第二に、インフラストラクチャーの整備などの形での「社会的費用」を増大させることによって、「周辺部における公共財政の危機を一般化する」（ibid. p. 564. ③二一四頁）形で進行している。アミンによれば、「これらの経験は、世界市場への統合戦略が問われないかぎり、つまり世界市場からの脱退〔retrait〕――それは、もはや周辺的ではない、自律的な〔autocentré〕発展の条件である――が真剣に検討されないかぎり、「通貨の自立」〔……〕が幻想的であることを示している」（ibid. p. 587. ③二四〇頁）。

もう一つ、アミンが想定する中心部の側の未来像も、少なくとも中心部の労働者にとっては、同じように心休まるものではない。中心部資本による「労働力のコスト引き下げ」のための方策には、現代では、農産物などの一次産品の輸入だけでなく、周辺部からの労働力そのものの「輸入」、つまり移民労働者の受け入れも含まれる。

中心部自身の利潤率の傾向的低下という法則に立ち向かうために、資本は、一方では周辺部から労働力を輸入して低賃金で働かせ（そしてもっとも魅力のないような種類の仕事につけ）、また本国労働市場を圧迫するために利用する。〔……〕この移民に由来する労働力の貢献もまた、周辺部から中心部への隠れた価値移転を含んでいる。なぜなら、周辺部がこの労働力の訓練の役割を引き受けてきたからである。（ibid. p. 37. ①四七―四八頁）

前節で見たように、アミンは、中心部と周辺部との間の「不等価交換」の基礎にあるのは、「賃金労働者の国際的な非可動性」だと説明していた。そうだとすると、移民労働者の受け入れは、この前提を中心部の資本自らが壊していることになる。しかし、国境管理と滞在資格によって制限された部分的な「輸入」にとどまるかぎり、移民の受け入れ自体が「周辺部から中心部への隠れた価値移転」になる、というのがアミンの認識なのである。

しかしながら、これはたんなる「価値の移転」にとどまる問題ではない。周辺部からの「労働力の輸入」とは、現実には生活する人間の移動であり、生活の場の移動であり、したがって中心部諸国の内部に言語や生活習慣を異にする人々の生活空間が持ち込まれることである。別の言い方をすれば、それは中心部の内部に低賃金労働者の集住区域を生み出すことであり、したがって中心部の内部に「周辺部」を創り出すことである。それだけではない。移民の受け入れには、もう一つ重要な国内的効果がある。低賃金の移民労働者が一つの階層として中心部に定着することは、中心部諸国の国内労働者、とりわけ未熟練労働者に対する賃金引き下げ圧力としても機能するからである。

こうして、中心部の内部でも、労働者階層間の格差が拡大することになる。「つまり資本主義発展は、いたる所で地域的に不均等な発展なのである。このようにして「開発」国はみんな、自分自身の胎内に「低開発」国を創出してきた」(ibid. p. 37. ①四八頁)。

アミンはこのように、周辺部から中心部への「価値の移転」と並行して、「大陸間移民が開く世界労働市場」が萌芽的に形成されつつあると見ていた。ただし、それによって生じるのは、中心部と周辺部との賃金格差が縮小して均衡価格が成立することではない。むしろ逆に、「開発世界に移民した労働者の不平等な地位の現実的経験がきわめて広範に示しているように、文化的・民族的差別が資本によって開拓されうる」ことである。つまり、「究極において労働力のこの大量移動は、今日の外部植民地化と反対に「国内植民地化」を創出する危険がある」。中心部に定着した移民労働者は、名前や肌の色、言葉や宗教によって差別され、中心部の社会生活に統合されることなく、低賃金労働を割り当てられる。それは、「不等価交換」が「開発」社会に内在化することにほかならない(ibid. p. 612. ③二六六頁)。

それでは、周辺部が「世界市場からの脱退」を実現し、「自律的な発展」を遂げる可能性はあるのだろうか。それとも、周辺部から中心部への労働力移動や、その結果として生じる中心部での「国内植民地化」と「不等価交換の内在化」は、もはや避けることができないのだろうか。

アミンは、一九七〇年の時点では次のような結論を引き出している。「世界市場との結びつきを絶つことが、開発の主要な条件だからである。世界市場への統合という枠組みのなかに位置する「開発政策」すべては、どのようなものでも必ず失敗することになる」(ibid. p. 43. ①五五頁)。しかしながら、「周辺部の発展のためには世界市場と断絶した自律的な国民国家的構造〔structures nationales autocentrées〕をつくりあげる必要があるといえば、これはまさに否定しがたい矛盾を表現する」(ibid. p. 44. ①五五―五六頁)。

何がどのように矛盾しているのか。それは、資本主義が世界システムとしてしか存在しない以上、資本主義に取って代わる新しいシステムもまた世界的規模でしか存在しえないからである。アミンがこの本を書いていた時点では、ラテンアメリカにもアフリカにも、ソ連からの援助を受けながら「社会主義」建設を試行する国家が存在していた。しかし、アミンによれば、「すべての面において資本主義に優越していないかぎり存在しえない社会主義は、いくつかの国民的な社会主義の併存という形ではありえない」のである。つまり、社会主義もまた世界システムとしてしか存在しえないのだから、個々の「社会主義国家」なるものは、それ自体が形容矛盾なのである。しかし、そうであるにもかかわらず、周辺部の「これらの諸国は、なによりもまず完成された国民国家〔nations achevées〕として自己を主張しないかぎり、近代世界におけるその繁栄と完全参加の条件をつくりあげることができない」(ibid. p. 44. ①五六頁)。

したがって、問題は簡単ではない。「今日の第三世界」には、政治的独立を達成したにもかかわらず世界市場への従属を維持したままであるために、国内の生産諸部門間の利害対立を基盤として成立し、国内分裂（場合によっては内戦）を引き起こすような「ミクロ・ナショナリズム」が存在する。まずは、それを拒否しなければならない。さらに、周辺部の自律的発展の前提となるのは農村の生産関係や土地所有関係の変革だが、「たとえば農村世界の移行は、前資本主義的伝統（それ自身すでに資本主義の発展そのものによって、相当そこなわれているが）の維持にその基礎を置くこともできないし、また単に「個人のエネルギーの解放」にもとづくこともできない」（ibid. p. 45. ①五七頁）。個人のエネルギーの「解放」は、そのままでは「限定され周縁的でかつ従属的な」資本主義的発展に行き着くしかないだろう。

このように見てくると、周辺部の変革のためには困難な課題が山積していることがわかる。それに対するアミンの展望も、かなり悲観的なものに見える。彼はこう述べるにとどまるからである。「したがって、移行の新しい形態が、国内関係と対外関係の進展に関連して考案され〔imaginées〕ねばならないだろう」（ibid.）。

それでは、その後のアミンは、「移行の新しい形態」を想像し、思い描き、考案することができたのだろうか。周辺部にとっての「もう一つの選択肢」を指し示すために、彼はその後、大きな理論的迂回を試みる。それが、レーニン以来のマルクス主義的発展段階論に対する徹底的な批判と、それに基づく「新しい世界史」の提示だった。

4 「世界は周辺部から変わる」

アミンは、一九七〇年の著書で、「マルクス主義の退歩は、折衷派の歴史とほとんど同じくらい非科学的な、「文明の諸段階」（原始共産制、奴隷制、封建制、資本主義、社会主義、共産主義）という機械論的理論にむすびついた」（Amin [1971] p. 164. ②一一頁）と断定している。さらに、この著書の「第二版へのあとがき」（一九七一年）でも、次のように述べている。

（この分野ではロストウの見解に類似の）機械論的見解から派生した「五段階論」（原始共産制、奴隷制、封建制、資本主義、社会主義）の擬似マルクス主義的シェーマのように、現代の進展をマルクス、レーニンあるいはトロツキーのいわゆる「予言」に還元することをめざすすべての試みは、宗教的教条主義から生じている。（ibid. p. 592. ③二四五頁）

つまり、周辺部の未来、そして世界システムとしての資本主義の今後の展望は、機械論的発展段階論や「宗教的教条主義」と化した「社会主義」必然論をもってしては見通すことができない、ということである。

マルクス主義だけでなく、マルクスについても同じことが言える。マルクスは早くから非ヨーロッパ社会の植民地化の現状についての関心をもち続けていたが、「にもかかわらず彼は、いかなる力もヨーロッパ型の資本主義の現地における発展を、長期にわたって妨げることはできないと考えている」(ibid. p. 174. ②二二頁)。これをアミンは、マルクスの「誤謬」と断定する。それが「誤謬」であるのは、マルクスが「商業資本主義政策によって特徴づけられる時代」に生きていたための時代的制約であり、「マルクスは、終わりかけていた重商主義型の中心部の利益になるような本源的蓄積のメカニズムのみを捉えて、それを資本の先史時代と見なしている」(ibid. p. 174. ②二二頁)からである。

こう指摘した後、アミンは次のように明言する。「神聖視しているマルクスの原文を再現して喜ぶ仕事は、マルクス学者(われわれのことではない)にまかせておこう。そして、ふたたび周辺資本主義への移行の分析にとりかかろう」(ibid. p. 175. ②二二頁)。マルクスに対するこのような「脱神聖化」的態度にも、ルクセンブルクとアミンとの共通点を見ることができるだろう。

その後アミンは、『世界的規模における資本蓄積』の議論を整理して再構成し、さらに理論的な彫琢を加えた著書として、一九七三年に『不均等発展』を出版する。その中で彼は、正統派マルクス主義の生産様式論=発展段階論を改めて明確に否定したうえで、それに取って代わる世界史認識を提示し、いわば歴史理論としての「世界資本主義システムの理論」を構築しようとしたのである。

そのような理論的迂回を行うことの意味は、この書の「序」で明快に示されている。

開発経済学の批判をつうじて、われわれは、次の命題を提示することになった。つまり、あるシステムはその中心部から乗り越えられるのではなく、むしろその周辺部から乗り越えられる、という命題がこれである。このことは、二つの実例によって証明される。すなわち、資本主義は、前資本主義的な諸大文明の周辺部に初めて誕生したのである。資本主義の現在の危機もまた、その周辺部から起こってきたのである。（Amin [1973a] p. 8. 四頁）

すなわち、「世界は周辺部から変わる」。これこそ、現在の周辺部において社会変革が可能であるだけでなく、それが世界システムそのものの変革につながるものであることを、「世界史」の枠組みで説明しようというアミンの強い意志を表す表現だった。

アミンがまず批判対象として取り上げたのは、マルクスの「生産様式」論である。マルクスは、一八五九年の『経済学批判』序言の中で次のように述べていた。「大づかみにいって、アジア的、古典古代的、封建的および近代市民的生産諸様式を、経済的社会構成のあいつぐ諸時期として特徴づけることができる。市民的生産諸関係は、社会的生産過程の最後の敵対的形態である」（Marx [1980] S. 101. 七頁）。

それに対してアミンはまず、マルクスが資本主義に先行するものとして列挙した「アジア的、古典古代的、封建的」という三つの生産様式を、時間的な継起の序列を示したものではなく、空間的な適応の多様性を示すものだと理解し直した。そのうえで、「アジア的」という地域限定的な「不適切な」名称を「貢納制」という言葉で置き換え、「古典古代的」奴隷制を貢納制の周辺地域に例外的に現れた生産様式だと位置づけ、さらに「封建制」をも貢納制の周辺的一形態と見なしたのである。

アミンは、こう述べている。「「生産様式」という概念は、さまざまな初期の構成体から資本主義的構成体にいたる、文明史のあらゆる時期を貫通するいかなる継起序列をも意味することのない、抽象的概念である」(Amin [1973a] p. 9. 七頁)。つまり、マルクスが列挙した「生産様式」は、レーニン以後の発展段階論が想定したような「発展段階」ではない、ということである。

そのうえでアミンは、マルクスが「アジア的生産様式」という名前で示唆したものを「貢納制生産様式 le mode de production tributaire」と言い換える。これは、中央集権的な政治的権力(国家)が村落共同体を支配し、その剰余生産物を「貢納」という形態で搾取する生産様式のことで、世界各地に広く見られたものだという。アミンによれば、「この生産様式は、時として不適当にも「アジア的」と呼ばれるが、実際には、四大陸に、つまりアジア(中国、インド、インドシナ、メソポタミア、古代オリエントなど)はもちろんのことだが、同時にアフリカ(エジプトおよびブラック・アフリカ)、ヨーロッパ(前古代社会におけるクレタおよびエトルリア)、先住インディアンのアメリカ(インカ、アステカ等)においても存在したのである」(ibid. p. 11. 一〇頁)。

それに対して、「封建的生産様式は、共同体が土地の上級所有権を失い、とりわけその地位を低下させた限定的な場合に、結果として現われた。この限定されたという特徴によって、われわれは、「中心」的な貢納制構成体にたいして、これを「周辺」的封建制構成体と呼ぶことができる。奴隷制生産様式も、同様な形で、貢納制構成体の周辺に位置したが、これは、中心部ではなく、周辺の一連の地域において例外的に現われただけである。このことはまた、単純小商品生産様式についても同様である」(ibid.)。

アミンは、このように資本主義に先行する生産諸様式についても、それを「発展段階」と見なすのではなく、複数の文明圏における中心部と周辺部との空間的関係の中に位置づけるという、画期的な世界史像を提起したのである。そして、このような古代文明の周辺部の一つだったヨーロッパにおいて資本主義的生産様式が誕生する。それが、最初の「周辺革命」だった。

アミンによれば、北西ヨーロッパの封建的生産様式は、地中海中心部の貢納制と比べると経済的余剰が少ないという意味で貧しく、また政治的・行政的中央集権化が欠如しているという意味で不安定なものだった。しかし、逆にそのような条件の下では、「中央集権の度合が小さいため、まだ萌芽状態だった商業部門は束縛から解放された。この部門からの刺激によって、農業が決定的な進歩を遂げることになり、農業起源の余剰が大きく増大して、商業の拡大→封建関係の解体、という弁証法的過程を生み出し、資本主義を生み出したのである」(ibid. p. 45. 五二頁)。同じ図式は東アジアにも見られるという。

この地域では、あらゆる面で、中国が完成されたモデルであった。中国モデルはそもそも、気候的条件がそれを可能としたところ――ヴェトナム、クメール朝のカンボジア、朝鮮――では、忠実に模倣されたのである。だが、日本では気候が大きな障害となった。ここでは、封建的割拠、商業部門の自治が、国家による中央集権化に制限を加え、何万キロと離れたヨーロッパと日本との間に、驚くべき類似性を生み出すに至った。(ibid. pp. 45-46. 五二―五三頁)

日本は、中国という中心部に比べて貧しく中央集権化が遅れた周辺部だったからこそ、その後の「外部からの衝撃」に適応して容易に資本主義化することができた、というのがアミンの見立てである。とすれば、一九世紀末以降に東アジアが経験したのも一つの「周辺革命」だったということになる。

こうして、かつての周辺部で新しい生産様式が誕生し、それが支配権を拡大させる形で、新しい世界システムが成立した。そして、ほぼ五〇〇年の時を経て、かつての中心部と周辺部との関係が逆転するにいたった。これが「周辺革命」の歴史的な実例だとすれば、現代の「周辺革命」の可能性はどのようなものなのだろうか。

アミンによれば、現在の「世界資本主義システム」の矛盾は周辺部に集中的に現れる。「世界資本主義システム」の主要矛盾は、中心部の資本と周辺部の「プロレタリアート」との間の矛盾である。彼が「周辺部のプロレタリアート」と呼ぶのは、「近代的大企業の賃金労働者」だけでなく、「世界貿易に統合された農民大衆」や「増大する大量の都市失業者」からも成り立っている。彼らは「世界市場への統合によってプロレタリア化しているか、あるいはプロレタリア化の過程にある」人々であり、「失うものをもたない」(ibid. p. 317. 三七三頁)。

そのような周辺部の人々にとって、残されている選択肢は、「従属的発展か、それとも、今日の発達諸国に比較して必然的に独創的な自立的発展か」の二者択一しかない。しかもアミンによれば、「諸文明の不均等発展の法則をあらためてみると、周辺部は、資本主義のモデルに追いつくことはできず、それを乗り越えることを強いられている」(ibid. p. 336. 三九六頁)。

そうだとすれば、周辺部の取るべき方向は限られてくる。周辺部諸国は「資本主義のモデル」とは異なる生産様式を追求するしかないからである。「周辺部は、資本主義的な資源配分モデルを根本的に再検討し、収益性の原則を拒否しなければならない。〔……〕資源配分の過程を再建する作業は、食糧、住宅、教育および文化などの必要《ニーズ》を表現しているものを直接的に対象とすることによって、市場法則外で、広範に進められなければならない」(ibid. pp. 336-337. 三九六―三九七頁)。

こうして、『不均等発展』は次のような課題を設定する。

世界的規模での移行は、周辺部の解放に始まって切り拓かれる。〔……〕諸国家間の不均等という今日の条件の下でたんに低開発の発展ではないような発展は、その置かれている世界的な条件によって、同時に国民的〔national〕で、民衆的＝民主主義的〔populaire-démocratique〕で、社会主義的なものとなろう。資本主義はすでに事実上地球的規模のものとなり、この枠内で生産諸関係を組織している以上、社会主義は、全地球規模でしか構想されえない。それゆえ、世界的な社会主義的目標と、依然として国民的な移行の枠組みとの間に、移行期に特有な一連の矛盾が必然的に派生する。しかし社会主義的意識の熟成および発展という目標が、いかなる段階においてであれ、経済進歩という目標の犠牲にされないかぎりでのみ、ある戦略は、移行の戦略と呼ばれるに値する。(ibid. p. 337. 三九七頁)

この一九七三年という時点では、ソ連の援助を受けながら「社会主義建設」という名の下に「経済成長」を追求する工業化の路線が、依然として一つの選択肢として存在していた。しかし、必要なのはそのような「社会主義的工業化」ではなく、むしろ「社会主義的意識の熟成および発展」だというのである。すでに前節で見たように、アミンは、ソ連や東ヨーロッパの「社会主義」諸国自体がいずれは世界市場に統合され、「近代化」という名の従属的発展の軌道に入ることを予測していた。「経済発展」や「経済進歩」を目標とする限り、その罠からは抜け出せない。
この著書でのアミンの最後の言葉は次のようなものであった。

移行の戦略はまさしく、公的所有や重工業の拡張以外のものを要求する。〔……〕目標は、最も近代的な設備を、人口の多数が集中する貧困部門の直接的改善と結合することであり、近代的技術を生産性および大衆の運命の直接的改善に役立つようにすることである。この直接的改善、それだけが生産力と創意を解放し、国民全体を真に解放することを可能にする。
(ibid. pp. 337-338. 三九七頁)

このような社会変革だけが、新しい世界システムを準備する。それがアミンの「周辺革命」への期待だった。周辺部でこのような独自の社会変革が開始されれば、それは中心部への「価値の移転」と「不等価交換」を阻害することによって、まさに周辺部の「反抗」となる。そして、「彼らの反抗〔……〕は、資本主義の活動領域を縮小させ、これにたいして唯一の対抗手段となる中心部での搾取条件の強化を導く」(ibid. p. 317. 三七三頁)。もし、中心部の労働者自身がそのような「搾取条件の強化」に抵抗し、反抗し、これまでとは異なる未来を思い描くようになれば、いつかは世界的規模でのシステムの転換が実現する。そして、このようなアミンの展望は、まだ潰え去ったわけではない。

第五章　ウォーラーステイン――「近代世界システム」

1 「近代世界システム」

これまで見てきたように、フランクもカルドーゾもアミンも、プレビッシュが問題提起した「中心／周辺」という空間的な支配・従属関係を含む総体として「世界資本主義システム」という言葉を使っていた。英語でもスペイン語でもフランス語でも、この言葉は「世界的規模の資本主義的なシステム」を意味するものであり、「システム」という言葉を直接に修飾するのは「資本主義的」という形容詞である。

それに対して、ルクセンブルクは「資本主義世界経済」、コミンテルン（ブハーリン）は「資本主義世界システム」という言葉を使っていた。この場合には、「世界経済」や「世界システム」という複合語がまずあって、それに「資本主義的」という形容詞が付いている。しかし、第二章で見たように、「世界システム」という言葉を使いながらも、コミンテルンの文書やブハーリンの著書にはそもそもそれが具体的に何を意味するのかという説明がなく、「世界ブルジョアジー」対「世界プロレタリアート」という空虚な図式が示されるにとどまっていた。

このような概念のズレに気づき、フランクやアミンの問題意識と世界認識の枠組みを引き継ぎながら「中核 core／周辺 periphery」構造をもつ一つの全体としての「世界システム world-system」という概念を改めて提起することで、それまでの議論を整理してみせたのが、アメリカの社会学者イマニュエル・ウォーラーステインだった。

ウォーラーステインはニューヨークに生まれ、一九五九年にコロンビア大学で博士号を取得した後、一九六〇年代にはアフリカ研究者として同時代のアフリカを分析する著書を次々に出版し（Wallerstein [1961]; id. [1967]）、一九七三年にアメリカのアフリカ学会会長となっていた。その彼が一九七四年に発表したのが、超大作となる『近代世界システム』の第一巻である。彼はその後一九七六年からニューヨーク州立ビンガムトン大学で教え、一九九九年に退職した後も二〇〇五年まで同大学の「経済・歴史的システム・文明研究のためのフェルナン・ブローデル・センター」の所長を務めた。

それでは、ウォーラーステインの言う「世界システム」とはどのようなものなのか。彼は『近代世界システム』第一巻の冒頭で、歴史的構造の変化やその原因を説明するためには「どのような単位の社会を研究対象とすればよいのか」（Wallerstein [1974a] p. 3. 二頁）という問題を提起し、それに対してこう答えている。「ここにきて私は、主権国家だとか、もっと漠然とした概念である民族社会だとかを分析単位としようという着想を完全に捨てた。〔……〕私のシェーマでは、唯一の社会システムは世界システムだということになった」（ibid. p. 7. 六頁）。

そもそも「システム」とは一般に、相互に影響を及ぼし合う要素から構成されるまとまりや仕組みの全体を意味する言葉である。ウォーラーステインが言うのは、歴史学や社会学が研究対象とする「社会システム」は、国家や民族を超えた「世界」というシステム以外にはないのではないか、ということである。この場合の「世界」の範囲は、具体的には時代と場所によって主観的に異なるが、それでも「一つの全体」として意識される空間認識のことである。それが「地球」規模になる以前には、地球上には複数の「世界」が並立していたことになる。

アフリカ研究者だったウォーラーステインがこのような「世界システム」論という発想にたどり着く過程をわかりやすく説明した文章がある。一九七二年から一九七九年までの論文を収めた論文集『資本主義世界経済』（一九七九年）は、彼のアフリカ研究の成果を色濃く反映しているが、そこに収められた一九七二年の論文「独立後のブラックアフリカにおける社会紛争――人種および身分集団概念の再考察」（Wallerstein [1972]）の中で、彼はこう述べている。

独立したブラック・アフリカは、国際連合の成員でもある一連の国民国家《ネイション・ステイト》からなっている。だがそれらはほとんどどれ一つとして、相対的に自律的で集中した政治、経済、文化をもっているといった意味での国民社会《ナショナル・ソサイエティ》とみなすことはできない。これらすべての国家は、世界社会システムの部分であって、たいてい特定の旧帝国の経済ネットワークに統合されている。

（Wallerstein [1979] p. 177. Ⅱ巻一七頁）

ウォーラーステインの問題意識が「低開発」研究者としてのフランクやアミンと重なり合うものであったことがよくわかる。一九七二年にはまだ「世界社会システム the world social system」という言葉が試行錯誤的に使われているが、これが一九七四年には「世界システム」という簡潔な表現となる。

ウォーラーステインによれば、「世界システム」は大きく近代以前のものと「近代世界システム」

とに分けられる。近代以前の「世界システム」とは、資本主義以前の生産様式に基づく「再分配的世界システム」であり、「世界帝国」という形を取る。古代ローマ帝国、中華帝国、インカ帝国などがそれに当たる。それに対して、「近代世界システム」の特徴は、資本主義的「世界経済 world-economy」の成立と持続にある。

この場合の「世界帝国」とは、アミンの言う「貢納制生産様式」に基づく「大文明」にほぼ相当する。ウォーラーステインによれば、その特徴は「一つの経済（単一の分業）／一つの政体／多様な文化」にある。それに対して、資本主義的「世界経済」の特徴は、「一つの経済／複数の国家／複数の文化」にある。彼は、「資本主義に国境《フロンティア》はない。それなのに、資本主義が強力な国家の発展によって支えられたというのはなぜか」という問題を提起し、それに対してこう答えている。

資本主義的な「世界経済」の顕著な特徴は、経済面での決定が第一義的に「世界経済」にむけられるのに対し、政治的決定は「世界経済」内のもっと小さな、法的まとまりをもつ組織、すなわち国家――国民国家、都市国家、帝国を含む――にむけられたことにあったからである。

（Wallerstein [1974a] p. 67. 七四頁）

本章の冒頭でも触れたが、「資本主義世界経済」というのはルクセンブルクの用語であり、彼女は、第一章第4節で見たように、「日々にますます緊密になり強固に合生して行って、あらゆる国民と国土とを一つの大きな全体として結合する経済的な基礎」である「資本主義世界経済」と、他方で

「諸国民を境界標や関税壁や軍国主義によって人為的にそれだけ多くの無縁な敵対的な諸部分に分裂させようとする諸国家の政治的な上部構造」との間に、「今日の社会的および政治的生活の全容にとって決定的な意義をもつ」矛盾を認識していた（Luxemburg [1975b] S. 562. 七二―七三頁）。ウォーラーステインの「世界経済」概念は、明らかにルクセンブルクのこの認識を踏まえたものである。

ただし、ウォーラーステインは、近代以前に資本主義的ではない「世界経済」が存在したことを否定していない。しかしながら、「近代以前の「世界経済」はどれも構造的にきわめて不安定で、まもなく世界帝国に転化してしまうか、まったく分解してしまうか、いずれかの道をたどった。ひとつの「世界経済」が五〇〇年も生きながらえながら、世界帝国に転化しなかったというのは、まさに近代世界システムの特性であった」（Wallerstein [1974a] p. 348. 四〇九頁）。

それでは、近代世界システムでは、一つの「世界経済」がなぜ五〇〇年も持続することができたのか。その「強靭さの秘密」を、ウォーラーステインは「資本主義という名の経済組織が有する政治面での特性」に求めている。

> 「世界経済」がその内部に単一のではなく、多数の政治システムを含んでいたからこそ、資本主義は繁栄しえたのである。／〔……〕資本主義とは、経済的損失を政治体が絶えず吸収しながら、経済的利得は「私人」に分配されるような仕組みを基礎としている。経済の形態としての資本主義は、経済的要因がいかなる政治体にも完全には支配しきれないほど広い範囲にわたって作用しているという事実にもとづいて成立する、と思われる。
> （ibid. p. 348. 四〇九―四一〇頁）

このように、「近代世界システム」は単一の資本主義「世界経済」と複数の国家からなるのだが、「世界経済」（世界的規模での分業体制）の中での各地域の経済的位置づけそのものが、その地域に成立する国家の構造を変化させることになる。ウォーラーステインはそれを、プレビッシュ以来の「中心部／周辺部」という二分法ではなく、「中核 core／半周辺 semi-periphery／周辺 periphery」の三つに区分した。

この「世界経済」を構成する各地域——それぞれ、中核、半周辺、周辺とよぶ——はそれぞれに固有の経済的役割をもち、それぞれに異なった階級構造を発展させた。その結果、それぞれの地域には独自の労働管理の方式が成立した。これに対して政治は、基本的には国家の枠組のなかで動いていたが、各国が「世界経済」のなかで担う役割が違っていたから、国家の構造にも差が生じた。なかでも、中核地域の国家は中央集権化がもっとも進行したのである。

（ibid. p. 162. 一七二頁）

つまり、各地域の世界経済の中での役割と、国家の中央集権化の度合い、したがってまた国家の強さとの間には相関関係があり、しかも、いったん国家の強さに違いが生じると、それが世界経済上の経済的な力の差をさらに大きくするのである。『資本主義世界経済』に収められた一九七四年の論文では、ウォーラーステインはこのように説明している。

一度国家機構の強さに差が生ずると、強力な国家が脆弱な国家に対して、あるいは中核地域が周辺地域に対して、押しつける「不等価交換」(unequal exchange)の作用が生ずる。このようにして資本主義は[生産手段の]所有者による労働者からの剰余価値の収奪を意味しているだけではなく、中核地域による全世界経済の剰余の収奪をも意味しているのである。

(Wallerstein [1979] pp. 18–19. I巻二二頁)

ウォーラーステインの『近代世界システム』は、このような世界経済(経済的基礎)と国家機構(政治的上部構造)との相互作用という認識枠組みに基づいて、一六世紀以降、「ヨーロッパ世界経済」が周辺部との「不等価交換」を内包する「資本主義世界システム」へと発展していく過程を詳細に具体的に説明しようとする試みだった。一九七四年に出版された第一巻の副題は、「農業資本主義と「ヨーロッパ世界経済」の成立」であり、当初のプランでは全四巻で完結する予定で、第二巻の副題は「世界システムの強化の時代(一六四〇〜一八一五)」、第三巻は「「世界経済」の地球規模への拡大(一八一五〜一九一七)」、そして第四巻が「資本主義世界経済の一層の強化の時代(一九一七〜現代)」となるはずだった(Wallerstein [1974a] pp. 10–11. I一一頁)。

しかし、実際にその後出版された続巻の副題を見ると、一九八〇年の第二巻が「重商主義と「ヨーロッパ世界経済」の凝集 一六〇〇〜一七五〇」、一九八九年の第三巻が「「資本主義的世界経済」の再拡大 一七三〇年代〜一八四〇年代」、そして二〇年以上の間をおいて二〇一一年にようやく出版された第四巻は「中道自由主義の勝利　一七八九〜一九一四」となっていた。話はまだ第一次世界大戦の前夜までであって、現代まではまだ一〇〇年の道のりがある。このように歴史叙述としての『近代世界システム』は、未完の大著にとどまっている。

2　「労働力のエスニック化」

プレビッシュの問題提起以来、フランクやアミンの「世界資本主義システム」論が前提としていたのは、「中心部／周辺部」の二項対立的な不均等であり、その構造的固定化だった。それに対してウォーラーステインの「近代世界システム」論が問題にするのは、「中核／半周辺／周辺」という、より細かく階層化された構造の歴史的生成過程である。そしてこれは、各地域での「階級構造」と「国家の構造」に階層的な差が生じていく過程にほかならなかった。『近代世界システム』の第一巻は、それを次のように説明している。

特定の種類の経済活動が地理的に遍在していたことは、つねに身分集団を形成させる働きをした。一地域で支配権を握っている社会層が、その下の階層に萌芽的な階級意識が芽生えて脅威に曝された場合、地域文化の重要性を強調することがその地域の内紛を抑え、外部勢力に対抗するための連帯感を生みだすことになる。そのうえ、ここにいう地域の支配的社会層が、世界システム上の支配階層によって抑圧されていると感じ始めると、彼らには地域の一体感〔local identity〕をつくりだそうとする動機が二重に存在することになる。

（Wallerstein [1974a] p. 353. 四一四―四一五頁）

こうして、ある地域、とりわけその時代の中核に近接して対抗関係にある地域には、「地域の一体感」をかきたてるナショナリズムが成立し、「国民国家」が形成されることになる。しかし、それがいつもどこでも成功するわけではない。国家形成のあり方は「世界経済」内部でのその地域の位置づけに左右されるからである。

このような「国民」形成の不均等性という問題意識も、ウォーラーステインのアフリカ研究に基礎をおくものだった。一九七四年の論文の中で、彼は次のように述べている。「国民〔nations〕、国民性〔nationalities〕、民族〔peoples〕、エスニック集団〔ethnic groups〕〔……〕。こうしたすべての用語は、私が「民族＝国民〔ethno-nations〕」と呼びたい単一の現象の変形である。／階級も、エスニック集団、あるいは身分集団、あるいは民族＝国民も、世界経済の現象である」（Wallerstein [1979] p. 24. Ⅰ巻二八頁）。彼によれば、人間集団の定義に関するこれらの名称のあいまいさや混乱は、それらが「世界経済」内部での階層化に即して分析されなければならないにもかかわらず、単一の国家という単位に即して考えられてきたことの結果だというのである。

ウォーラーステインは、「階級」も「世界経済の現象」だと述べている。これはわかりにくいかもしれない。彼は、一九七五年の論文では改めてこう説明している。

資本主義世界経済における国家機能のこの役割は、ナショナリズムの持続性を説明する。というのは、主要な社会的闘争は、たいてい、同一の国家境界内に位置する集団間におけるものであるよりむしろ別々の国家に位置する集団間におけるものであるからである。さらに、このことは、概念としての階級のあいまいさを説明するものでもある。というのは、階級は世界的規模の経済に関係しているが、階級意識は政治的な、したがって第一義的には国民的現象だからである。

（ibid. p. 61. I巻八一―八二頁）

ここでも、「資本主義世界経済」という「経済的基礎」と「諸国家間関係」という「政治的上部構造」との間に矛盾がある、というルクセンブルクの認識が踏まえられていることがよくわかる。階級は世界経済という基礎にかかわる客観的な分析概念だが、階級意識は政治的＝国民的な上部構造にかかわる現象なので、対外的な国家間競争の中でナショナリズムの干渉を受ける、ということである。

他方、「エスニック集団」も「世界経済の現象」だというのは、次のような意味である。ウォーラーステインは、一九七八年から一九八二年までの論文を収めた論文集『世界経済の政治学――国家・運動・文明』（一九八四年）の中で、改めてこう説明している。

中央ヨーロッパの「民族（Völker）」やアジア・アフリカの「民族〔peoples〕」などは一つの主

権国家をつくってその主人公となり、「国民〔nation〕」となった。ドイツ人とビルマ〔現ミャンマー〕人をみよ。主権国家を支配できない者はその代わり「エスニック集団」となり、その存在はまさに他のひとつかそれ以上の主権国家との関係において定義されるようになる。ポーランド人は合衆国では「エスニック集団」だが、ポーランドでは「国民」である。セネガル人は、セネガルを除く西アフリカのほとんどどこでも「エスニック集団」である。

（Wallerstein [1984] p. 176. 二八六頁）

このように「階級」も「エスニック集団」も「世界経済」の中で規定される概念なのだが、地域によっては「階級」と「エスニック集団」とが直接に重なり合う場合もある。それをウォーラーステインは一九七六年の論文で「社会的合併症」と呼んでいる。「それは、プロレタリアと半プロレタリアの違いがほとんど常にエスニックの区別に高度に関連しており、半プロレタリアートの人びとは、通常「より低いランク」のエスニック社会層の出身だということである。〔……〕それゆえ、統合された単一の労働者階級ということが、社会的現実の描写であるよりもむしろ、到達困難な政治的理念を表現しているということは、少しも不思議ではない」（Wallerstein [1979] pp. 106–107. I巻一四一―一四二頁）。

ここでの「プロレタリア」とは、完全に賃金労働に依存している労働者とその家族のことであり、「半プロレタリア」とは、賃金労働だけでは暮らすことができず、農業その他の副業や家族の生活維持的な「隠れた労働」などによって生計を立てている世帯のことである。カルドーゾやアミンが指摘していた、周辺部における生産部門間の不均等性と労働者階層間の賃金格差、さらには「偽装失業」の存在を思い出してほしい。

このように労働者階級内部の階層化と「エスニック集団」の階層化＝序列化とが重なり合う状況を、ウォーラーステインは一九八三年の著書『史的システムとしての資本主義』で「労働力のエスニック化 ethnicization」と名づけている。それは、「史的システムとしての資本主義の内部における社会生活を「エスニック集団別の編成にする」やり方」のことである。

ここでいう「エスニック集団」とは、近接して居住する他の同種の集団との関係で、特定の職業ないし経済的役割を割り当てられた、かなりの人数の人間集団のことである。このような労働力編成の外部に表われたシンボルが、各エスニック集団のいわゆる固有の「文化」であった。つまり、その宗教であるとか、言語であるとか、その集団に固有の「価値」であるとか、あるいは日常生活の特定のパターンであるとかといったものがそれである。

（Wallerstein [1983] p. 76. 一〇五―一〇六頁）

現在のアメリカやヨーロッパに見られる「移民」労働者の出身地域別の集住や職種の棲み分けなどを思い浮かべればわかりやすいだろう。アミンはこのような状況を中心部における「国内植民地化」（または「不等価交換の内在化」）という言葉で概念化したが、ウォーラーステインはそこに含まれる労働者集団の重層性を「労働力のエスニック化」という言葉で表現した。そして、そのような労働者の階層化＝序列化を正当化する役割を果たしているのが、人種主義なのである。彼によれば、資本主義世界経済における労働力編成は「制度としての人種主義 institutional racism」によって支えられている。

史的システムとしての資本主義のもとで、もっとも入念に練りあげられ、そのもっとも重要な支柱のひとつとなってきたのが、〔……〕制度としての人種差別である。〔……〕人種差別とは、資本主義というひとつの経済構造のなかで、労働者のいろいろな集団が相互に関係をもたざるをえなくなってゆく場合の、その関係のあり方そのもののことであった。要するに人種差別とは、労働者の階層化ときわめて不公平な分配とを正当化するためのイデオロギー装置であった。

(ibid. p. 78. 一〇八頁)

人種主義（あるいは人種差別）という言葉を聞いて私たちがまず思い浮かべるのは、ヨーロッパ諸国によるアジアやアフリカの植民地支配、ラテンアメリカ諸地域とアメリカ合衆国南部のアフリカ人奴隷制などだろう。現代では、奴隷制を人種の優劣によって正当化するような「むき出しの人種主義」が表明されることはほとんどなくなった。しかし、それが資本主義世界システムの「本源的蓄積」を支える思想だったことは否定しようがない。

さらに現代では、「人種」ではなく、むしろ宗教や文化の違い、あるいは「文明」の違いを理由に、「移民」が「国内植民地」に押し込められていくことになるが、それもまた「制度としての人種主義」

にほかならないのである。その意味で、「人種差別こそが史的システムとしての資本主義の唯一のイデオロギー的支柱であったし、それはまた、適当な労働力をつくりあげ、再生産してゆく上で、もっとも重要なものであった」(ibid. p. 80. 一一二頁)。

もう一つ、ウォーラーステインが注目するのが「性差別 sexism」である。特に「半周辺」での「半プロレタリア的世帯」が、低賃金で働く男性労働者たちと家族生活維持のための「隠れた労働」を担う女性たちとの組み合わせに支えられたものであったことを、彼は強調している。それを支えていたのが女性蔑視、つまり「性差別」である。これもまた、資本主義世界システムの中に組み込まれた「労働の階層化」の現象の一つなのである。

史的システムとしての資本主義は、以前にはまったく存在しなかった差別(oppressive humiliation)のためのイデオロギー装置を発展させた。すなわち、今日いうところの性差別と人種差別にかんするイデオロギーの枠組が成立したのである。(ibid. p. 102. 一五一頁)

このように、女性差別と人種主義は資本主義世界システムの内部での「労働力の階層化」を推し進める「イデオロギー装置」にほかならない。差別そのものは、男性と女性との生物学的な差異やそれぞれの人種の身体的特徴などを、「優劣」の違いとして序列化することによって成立する。そのような「差別」に対しては、生物学的な「差異」それ自体に優劣はないという客観的「事実」を啓蒙することで、差別意識を解消しようとする運動が存在してきた。一九四八年に国連総会で採択された「世界人権宣言」や「国際連合教育科学文化機関 UNESCO」による人種差別反対キャンペーンなどがすぐに思い浮かぶだろう。一九五二年に出版された文化人類学者クロード・レヴィ＝ストロースの小冊子『人種と歴史』(Lévi-Strauss [1952]) も、そのようなユネスコのキャンペーンの一環だった。

しかし、それらの差別意識が近代世界システムの「イデオロギー装置」なのだとしたら、それは啓蒙によって解消するような単純な虚偽意識ではない。実際に、これまでの運動の積み重ねにもかかわらず、人種差別や排外主義は根強く存在し続けている。ウォーラーステインによれば、「本当のところは、構造化された性差別や人種差別はそれらを生み出し、またそれらをうまく利用することによって維持されてきた史的システムを全面的に廃止しない限り、解消できなかったということであり、これからもできないだろうということなのだ」(Wallerstein [1983] pp. 103-104. 一五三頁)。

このようなウォーラーステインの人種主義理解のもつ意味については、節を改めてもう少し詳しく検討することにしよう。

3 ナショナリズムと人種主義をめぐって

ウォーラーステインは、一九九一年にフランスの哲学者エティエンヌ・バリバールとの共著『人種・国民・階級』を出版した。これは、二人の論文がほぼ交互に並べられた、いわば往復書簡か対話編のような論文集である。

この本でウォーラーステインは、「民族＝国民」の三つの基本概念を「資本主義世界経済の基本的な構造的特徴に条件づけられる」ものとして、次のように説明している。

> 「人種《レイス》」概念は、世界経済における垂直的分業、すなわち中核―周辺の対立と関係がある。「国民《ネイション》」概念は、この史的システムの政治的上部構造、すなわち国家間システム〔interstate system〕を形成し、かつそれから派生する主権国家と関係がある。「エスニック集団」の概念は、資本蓄積において非賃金労働の広範な要素を維持することを可能にするような世帯《ハウスホールド》構造の創出と関係がある。
> （Balibar & Wallerstein [1991] p. 79. 一二四頁）

さらに「エスニック化」はこう説明される。「人種主義は、機能的に見るならば、労働力の「エスニック化」と呼びうる形態をとってきた。労働力の「エスニック化」ということで私が言いたいのは、若干のいわゆる社会的基準と相関させられがちな職業／報酬上の階層制がつねに存在している、ということである」（ibid. p. 33. 五三頁）。

しかしながら、現実における人種主義のさまざまな現象を見るならば、人種主義が「労働力のエスニック化」を正当化するためのイデオロギーだというウォーラーステインの説明の仕方は、その経済的機能を強調しすぎていて、それだけでは説明できないことも多い。また、彼は「人種」「国民」「エスニック集団」を概念的に明快に区別しているが、しかしこれでは、たとえば「ユダヤ人問題」

がヨーロッパの「国民国家」の内部で歴史的に最も深刻な「人種」問題であったことは十分に説明できない。

この点にこだわってウォーラーステインへの疑義を表明したのがバリバールであり、「ナショナリズムと人種主義の接合」に関する彼の問題提起だった。最大の争点は、バリバールが人種主義を「国民的構成体」あるいは「国民形態」の中での階級闘争の問題、つまり「国内的ヘゲモニーの問題」として重視することにある。その基礎にあるのは、「支配階級のヘゲモニーは結局のところ労働過程ならびに／それ以上に労働力の再生産自体〔……〕を編成する支配階級の能力に基づいているのであって、「広義における労働力再生産は、労働者の生存・維持と彼らの「文化的」形成を含んでいる」ものである以上、人種主義は、対立しているはずの支配階級と労働者との「両者に共通な、イデオロギー的「世界」を構築する必要に根ざしている」(ibid. p. 4. 一〇—一一頁)、という彼の確信である。

ナショナリズムと人種主義の「接合 articulation」という言葉でバリバールが表現しようとするのは、「すでに確立された国民国家において、政治運動へのナショナリズムの組織化は必然的に人種主義を含んでいる」ということである。彼によれば、実際には「いかなる国民も、すなわちいかなる国民国家も、エスニックな基盤をもってはいない」。しかし、それにもかかわらず、「彼らは他のありうる一体性に対立して、現実の(したがって歴史的な)時間の中で、自らの想像の一体性をうちたてなければならない」(ibid. p. 49. 七六—七七頁)。そのために、「生まれ」を根拠とする「人種主義の広範な構造」が「虚構のエスニシティ」を産出するのであり、この「虚構のエスニシティ」

の周りに「ナショナリズムを組織する」(ibid. p. 49. 七八頁) ことになる。

バリバールによれば、「人種」という観念の「シンボル的核」にあるのは「系譜図式」である。つまり、個々人は世代を超えた「家系=血のつながり」という観念をよりどころにして「「親族関係」と呼ばれる時間的共同体」(ibid. p. 100. 一五五頁) に所属するのだが、国民的一体感もまた、このような「系譜=血のつながり」が「同国人」の範囲にまで拡大されて想像されることによって成立する。それが「虚構のエスニシティ」としての「国民」であり、それを支えているのは人種主義だ、ということである。

しかし、「血のつながり」という系譜的同質性が過剰に要求されると、それは「国民的一体感」を分断する方向にも働く。「その結果、人種主義は国民的帰属を狭め、歴史的国民を不安定にする」(ibid. p. 60. 九四頁)。つまり、「血のつながり」という系譜図式が「国民」の内部に持ち込まれると、「生まれと育ち」によって「純粋に国民らしい」言語規範や立ち居振る舞いを身につけた階級・階層と、それらを欠いた「国民らしくない」階級・階層との区別が意識されるようになり、「国民」に亀裂をもたらすのである。

これをバリバールは「階級の人種主義」と呼んでいるが、それはたいていの場合、「肉体労働の制度的人種化」として表現される。その焦点は次のことにある。

それは、集団として資本主義的搾取への運命づけられている人びと、あるいは、経済過程によるシステムの直接的管理から引き離されていながらも(あるいは単純に、大量の失業によって、旧来の管理が無効になっていながらも)、搾取のための予備軍として維持されなければならないような人びとを一般的な記号で一括することである。
(ibid. p. 213. 三一九頁)

したがって、バリバールの言う「階級の人種主義」が指しているのは、実際にはウォーラーステインの言う「労働力のエスニック化」と同じことである。両者の違いは、それを世界システム内部の垂直的分業によって規定される機能という側面から説明するか、それともむしろ「国内的ヘゲモニー」にかかわる「国民国家」内部の問題として見るか、という視線の方向の違いである。しかし、このような認識の差異は、それらに対抗するための実践的課題の設定に関して無視できない差異を生み出す。

第2節で見たように、ウォーラーステインの場合、そもそも「国民国家」もナショナリズムも世界システムの上部構造としての「国家間システム」の構成要素にほかならないし、人種主義も世界システムを廃止しない限り解消できないと考えられている。したがって、人種主義に反対する運動は、むしろ「反システム運動」(世界システムに反対する運動)へと転換されなければならない。しかし、他方で彼は、社会主義革命や植民地の独立運動を含むこれまでの「反システム運動」が、「まさにその成功、部分的な成功のなかで、〔……〕資本主義世界経済とその政治的上部構造、すなわち国家間システムを強化してきた」(Wallerstein [1984] p. 84. 一三四頁)こと、どんな運動も「まだシステムの破壊に成功したことはなく、したがって、その制約への服従からまだ解放されてはいない」(Balibar & Wallerstein [1991] p. 231. 三四八頁)ことを強調している。

これはかなり悲観的な総括だが、ただし、そのうえでなおウォーラーステインは、「われわれの仕事は、これらの矛盾した現実を考慮し、そして世界経済の客観的な状態の枠組みのなかで、可能な場で組織し、可能な場で動員し、（いたるところにみいだされる）現存の世界秩序の弱点を絶えず突くことである」（Wallerstein [1984] p. 84. 一三四頁）と言明している。

そのような行動に意味があるのは、「われわれは「システムの終焉」を迎えており」、システムは「わずかの圧力によって非常に大きなゆらぎが発生しうるような、きわめて不安定な状況」としての「分岐点《バイファーケーション》」にさしかかっているからである。「分岐点」は、危機であると同時に「自由意志が支配する状況」（Balibar & Wallerstein [1991] p. 231. 三四八―三四九頁）でもある。したがって、よりよい別のシステムへの選択（分岐）の可能性が存在するからこそ、各自がそれぞれの部署で反システム運動を組織し、同時に幅広い連帯を構築することが課題となる。

このように、ウォーラーステインにとって反システム運動の展望を根拠づけるのは、近代世界システムがすでに終焉期に入ったという認識、まさにその一点にある。もしこの認識が間違っていたとしたら、彼の論理そのものからして、運動は挫折するほかはない。

それに対してバリバールは、まさに「接合」の場である「国民」の内部に突破口を開こうとしている。彼は、労働者の課題を次のように設定する。

> 公定ナショナリズムを実際に拒否する限りで（それを拒否するときにのみ）、労働者は階級闘争の変質に対する政治的オルタナティヴを大枠において提示する。しかし、彼らが外国人に対して

恐怖や恨み、絶望、無視を投げかける限り、彼らはいわば労働者間の競争を闘っているというだけでなく、より本質的に、彼らは自分自身の搾取される条件から距離を置こうとしているのである。

(ibid. p. 214. 三二〇―三二一頁)

すなわち、個々の労働者自身が主体的にナショナリズムと人種主義から自らを解放すること。移民や外国人労働者を労働市場における競争者(仕事を奪う者)として排除するのではなく、彼らとの連帯を構築すること。このような立場から、その後のバリバールは、フランスで「移民の「再植民地化 recolonisation」」(Balibar [2001] p. 78. 九八頁)が生じていることを指摘し、それに対して「外国人の、とくに「移民」の市民の権利 droit de cité」、とりわけ「滞在権と労働権の決定的な自由化」を主張している(ibid. p. 89. 一一一頁)。彼は、このような移民の権利にかかわるさまざまな闘争の現場(裁判、労働時間をめぐる労働組合の闘争、さまざまな境界の開放と民主化、多文化の実践など)を、まさに「民主主義の建築現場」(ibid. p. 310. 三六七頁)と呼んでいる。

ウォーラーステインに話を戻そう。彼の世界システム論は、民族や国民が自立した自然的実体ではなく、「世界システムの函数」として機能する近代的構築物であることを明らかにし、ナショナリズムを「国家間システム」内部での階級闘争の一現象として相対化することによって、ナショナリズム研究のパラダイム転換に大きく貢献した。それはまた、人種主義が、資本主義世界経済における労働力編成の「エスニック化」を正当化し、現存する国際的社会構造を維持するための「イデオロギー装置」であることを明らかにした。この点にこそ、世界システム論の思想史的意義がある。

しかしながら、ウォーラーステインのパラドクスは、長期にわたって持続する資本主義世界システムを究極の規定的要因とみなすことによって、逆にナショナリズムと人種主義の克服しがたさをも論証してしまったことにある。現在のこの世界システムが持続する限り、それらは解消できないのであり、私たちは、世界システムの「終焉」を待望するほかないということになるからである。これは一種の経済決定論だと言うこともできる。

それに対してバリバールは、「世界経済の総体的運動は、それを構成する社会的諸単位の運動の原因ではなく、これらの社会的諸単位の運動の偶発的な結果なのである」(Balibar & Wallerstein [1991] p.6. 一四頁) と述べて、ウォーラーステインの世界システム論を批判した。しかし、世界システムを「偶発的な結果」に還元してしまえば、今度は再び国民的社会を実体化する危険を冒すことにもなるだろう。現実には、事態はおそらくより相互規定的で重層的に決定されているのであり、世界システムこそナショナリズムと人種主義との接合のさまざまなあり方を規定する「場」であることは確かである。

その意味で、世界システム論を踏まえながらも、少なくとも政治的実践に関する限り、バリバールとともに「国内的ヘゲモニーの問題」を自らの問題としてもっと重視すべきだと言うことはできる。私たちはすでに「国民」という枠組みに組み込まれており、したがって私たちの反システム運動の足場もここにしかないからである (なお、この節での議論をもっと詳しく展開したものとして、植村 [2001] 第五章を参照)。

4 「ヘゲモニー国家」の交代

それでは、近代世界システムそのものは、これからどうなるのか。ウォーラーステインは一九九一年の時点で、近代世界システムは「終焉」を迎えている（つまり、長期にわたる終焉期＝移行期に入った）と見ていた。この問題とも深くかかわるのが、彼が提起した「ヘゲモニー国家」という概念である。

ウォーラーステインは「ヘゲモニー国家」について、『近代世界システム』の第二巻で次のように説明している。

ネーデルランド連邦——オランダというべきか——は、「世界経済」を世界帝国に転換させようとしたカール五世の陣営の試みが失敗して以来、はじめて出現したヘゲモニー国家であった。ヘゲモニー状態というのは、ごくまれな状態であり、資本主義的「世界経済」の歴史をつうじてヘゲモニー国家となったのは、オランダ、イギリス、アメリカ合衆国の三か国しかない。〔……〕／ヘゲモニーというのは、たんに中核国家であるということではない。特定の中核国家の生産効率がきわめて高くなり、その国の生産物が、おおむね他の中核諸国においても競争力を持ちうるような状態のことであり、その結果、世界市場をもっとも自由な状態にしておくことで、その国がもっとも大きな利益を享受できるような状態のことと定義されている。

（Wallerstein [1980] p. 38. 四五頁）

これに付け加えてウォーラーステインが強調するのは、ある国が「ヘゲモニー国家」であるのは「比較的短期間」だということである。

ヘゲモニーにかんして問題なのは、それが移ろいやすいということである。ある国が本当にヘゲモニーを確立したとみえたとたんに、崩壊がはじまるのである。というのは、一国がヘゲモニーを失うのは、その国が力をなくしていくからではなく——少なくとも、かなり後まではそのようなことは起こらない——、他の諸国が力をつけるからなのである。（ibid.）

このように、資本主義世界経済の歴史の中では、中核諸国の内部で「ヘゲモニー国家」が次々に交代することになる。この場合、「ヘゲモニーのパターンは、驚くほど単純である。農＝工業における生産効率の点で圧倒的に優位に立った結果、世界商業の面で優越することができる。こうなると、世界商業のセンターとしての利益と「見えない商品《インヴィジブルズ》」、つまり運輸・通信・保険などを押さえることによって得られる貿易外収益という、互いに関係した二種類の利益がもたらされる。こうした商業上の覇権は、金融部門での支配権をもたらす。ここでいう金融とは、為替、預金、信用などの銀行業務と（直接またはポートフォリオへの間接の）投資活動のことである」（ibid. p. 38. 四六頁）。

このようにある国家が「ヘゲモニー国家」になる過程では、生産、流通、金融という「三つの次元での優位」が時間を追って順に成立するが、「優位の喪失もこの順に——つまり、生産から流通、ついで金融へ——、しかもほぼ継続的に起こる。したがって、特定の中核国が、同時に生産・商業・金融の三次元すべてにおいて、あらゆる中核諸国に対して優位を保っているような状態はほんの短い期間でしかありえないことになる。この一瞬だけ頂点にある国の状態こそが、ここでいうヘゲモニーである」（ibid. p. 39. 四六頁）。

こうして『近代世界システム』第二巻は、全体を通して、一六世紀以降の中央ヨーロッパとスペインを同時に支配していたハプスブルク帝国が「世界帝国」になる可能性を失い、それに対抗したオランダが資本主義「世界経済」における「ヘゲモニー国家」となる歴史的過程、さらにはそのヘゲモニーを喪失していく過程を具体的に描くことになる。

ウォーラーステインによれば、オランダが「ヘゲモニー国家」だったのは「一六二五年から一六七五年にかけて」の五〇年間で、その間に、第一に、塩漬けニシン漁、繊維産業、造船業といった生産部門でヨーロッパ世界経済内部での優位を確保し、第二に、オランダ東インド会社を中心とする海運業が世界の輸送業を支配し、第三に、アムステルダムの証券取引所が「一七世紀のウォール街」（ibid. p. 57. 六一頁）となって、国際決済機構および金融市場の中心となった。

他方、『近代世界システム』第二巻（一九八〇年）の後半では、すでに新たなヘゲモニー国家になろうとするイギリスとフランスの抗争が論じられ、続く第三巻（一九八九年）では、イギリスとフランスのヘゲモニー争いの最終局面と、イギリスの最終的勝利によるヘゲモニーの確立が描かれる。しかし、それに続く第四巻は、すでに述べたように二〇一一年まで出版されなかった。

第四巻の主題は、イギリスの世紀である「長い一九世紀」（Wallerstein [2011] p. xv. 七頁）の叙述だが、具体的には、「フランス革命が全体として近代世界システムに与えた文化的影響〔……〕つまり、この世界システムの全域でひろく受け入れられ、以後の社会的行動を制約することになる一連の思想、価値観、規範など」に焦点が当てられている。ウォーラーステインによれば、「フランス革命は、政治変革の正常性という概念と主権在民という思想を正当化した」ものだが、「こうした二つの概念がひろく流布したことへの反動として、近代の三つのイデオロギーが生まれた。保守主義、自由主義、急進主義がそれである。中道自由主義がほかの二つのイデオロギーを「飼い慣らし」、一九世紀が進行するとともに、勝利していくというのが、本巻全体の議論である」（ibid. p. xvi. 七頁）。

しかしながら、そのように主題を限定したために、イギリスからアメリカへの「ヘゲモニー国家」の交代の歴史記述は、未刊の第五巻に先送りされてしまった。ウォーラーステインは、アメリカが「ヘゲモニー国家」となる過程を、「「長い二〇世紀」の物語であって、つまり、イギリスの世紀の物語ではなく、アメリカの世紀の物語であった」と書いている。そして、（当時すでに八〇歳を超えていた彼は）それに続けてこう述べている。

目下計画中――書いているうちに変わるかもしれないが――の第五巻は、一八七三年から一九六八年ないし八九年までを扱うことになる。さらに、やり遂げられればの話であるが、第六巻では、資本主義世界経済の構造的危機が主題となり、一九四五年ないし一九六八年から、二一世紀中頃のどこか、たとえば、二〇五〇年くらいまでが対象となるだろう。私の考えでは、その頃には世界の状況はすっかり変わっているはずで、近代世界システムは決定的な終焉を迎え、代わりのシステムに譲位しているはずである。（ibid. p. xvii. 八頁）

すでに見たように、ウォーラーステインは一九九一年の時点で、近代の資本主義世界システムは「終焉」を迎えている、と述べていた。一九九五年の著書『アフター・リベラリズム』でも、彼は同じ認識を繰り返している。

システムが崩壊するときには、結果的に何かがそれにとって代わるので、リスクは高い。システムの分岐点について、わたしたちが今日知っていることは、〔……〕ある点での小さな入力が大きな結果を生むことがあるので、転換が根底的に異なった方向に向かうことがあり得るということである。わたしたちは、たとえば二〇五〇年頃に、史的資本主義からある非常に不平等で階層的な新しいシステム（あるいは多様なシステム）を持ったものへと、過渡期から抜け出すかもしれないし、大部分が民主主義的で平等主義的なシステムを持ったものへと抜け出すかもしれない。それは、後者の結果を好む人々が、政治変化に関する意義ある戦略を組み立てる能力があるかどうかにかかっている。（Wallerstein [1995] p. 248. 三七二頁）

二〇一一年の時点でウォーラーステインは、「世界システムの終焉」を「資本主義世界経済の構造的危機」と言い直している。それは一九四五年あるいは一九六八年から始まっており、しかもそれは一九六八年以降アメリカが「ヘゲモニー国家」としての地位を喪失していく過程と重なり合うというのである。このテーマを論じるはずの『近代世界システム』第六巻が完成するのはいつのことなのか、ウォーラーステイン自身が「やり遂げられればの話であるが」と断っている以上、私たちもその完成を祈るしかない。

しかし、ウォーラーステイン自身による出版を待つことなく、『近代世界システム』第三巻以後の長い中断の間に『長い二〇世紀』という題名の著書を出してアメリカのヘゲモニーを論じたのがアリギだった。アリギは二〇〇九年に亡くなるが、『近代世界システム』第四巻には「ジョヴァンニ・アリギの思い出に捧ぐ」という献辞が添えられている。そこで、私たちもアリギのヘゲモニー論の検討に移ることにしよう。

第六章　アリギ――「世界ヘゲモニー」

1 「蓄積のシステム・サイクル」

アフリカ研究者としてのジョヴァンニ・アリギについては、アミンの評価とともに第四章で紹介した。そこでも述べたが、彼が一九六〇年代に発表したローデシア研究は、一九世紀末から第二次世界大戦後にいたるまでのローデシアの政治と経済を分析したもので、アフリカ人農民のプロレタリア化がもたらす諸問題を焦点に据えていた。その問題意識が、アミンと重なり合うものだったのである。特に一九七〇年の論文は、「低開発の発展」というフランクの問題提起に影響を受けながら、ローデシアにおける労働力の供給過剰が「本源的蓄積」の結果であり、市場メカニズムよりもむしろ政治的メカニズムによって「農民と資本主義的諸部門との間の労働生産性の不均衡」（Arrighi [1970] p. 197）が次第に拡大したことを実証的に明らかにしたものだった。

この論文はアミンによって高く評価されたが、アリギ自身はこの時点では「中心／周辺」という言葉も「世界システム」という言葉も使っていない。彼は、一九六六年の論文では「国際的資本主義 international capitalism」という言葉を使っているが、それは「主としてイギリス南アフリカ会社に代表される」（Arrighi [1966] p. 36）ものであって、「大規模な国際的資本主義（すなわちイギリス資本主義）」（ibid. p. 59）という言い換えもしており、それに対抗するのが「民族的資本主義 national capitalism」（ibid. p. 49）だとされている。したがって「国際的資本主義」という言葉は、外国の資本主義、特に宗主国の多国籍企業を指す言葉であって、「世界システム」のような空間的広がりをもつ概念ではない。しかも、この言葉は一九七〇年の論文ではもう使われていない。

第四章でも述べたように、アリギは一九六三年からローデシアのニアサランド大学に籍を置いて研究を続けていたが、一九六六年に政治活動を理由にローデシアからの国外追放処分を受け、タンザニアに移った。この年、彼はタンザニアのダル・エス・サラームでアフリカ研究者だったウォーラーステインと出会って意気投合している。

その後、アリギは一九六九年にイタリアに帰国してトレント大学に移り、一九七〇年代には、当時のイタリアで「自治 autonomia」の確立を目指して工場占拠や住宅占拠などを行った「アウトノミア運動」に関与する。この運動は一九七七年に頂点を迎えるが、翌年「赤い旅団」によるモーロ元首相の誘拐殺害事件が起きるとアウトノミア運動にも累が及び、一九七九年には運動の指導者の一人だったアントニオ・ネグリが逮捕されて起訴された。この年、アリギはアメリカに渡ってビンガムトン大学ブローデル・センターに籍を置き、以後ウォーラーステインの同僚として研究を共にすることになる。

アリギがはじめて「中心部と周辺部 centro e periferia」という言葉を使ったのは、一九七八年にイタリアで出版した『帝国主義の幾何学』においてである（Arrighi [1978] pp. 56, 65）。この本で彼は、ウォーラーステインの一九七四年の論文「世界資本主義システムの勃興と将来における死滅──比較分析のための諸概念」（Wallerstein [1974b]）から「資本主義世界経済 economia-mondo capitalista」という言葉を含む一節をイタリア語に訳して引用しており（Arrighi [1978] p. 93）、さらに自分の文章の中では「世界システム sistema mondiale」（ibid. p. 89）や「世界経済 economia mondiale」(ibid. p. 112)という言葉も使っている。したがって、彼が世界システム論の理論的枠組みを受け入れたのは、ウォーラーステインとの協働が始まる直前のこの時期のことだったと見ていいだろう。

アミンは、一九七四年にウォーラーステインの「世界システム」論が発表された後、自分たちも「世界システム」学派の一員となり、「四人組(アミン、アリギ、フランク、ウォーラーステイン)」が結成されたと回想している(Amin [2005] p. 2)。この「四人組」がはじめて勢揃いしたのは一九八二年の共著『危機、どのような危機?』(Amin et al. [1982])においてであり(ちなみに*Crisis? What Crisis?*はイギリスのプログレッシヴ・ロックのバンド、スーパートランプが一九七五年にリリースしたアルバムの題名でもある)、その次は一九九〇年の共著『革命の変容——社会運動と世界システム』(Amin et al. [1990])だった。

なお、アリギは一九七八年の『帝国主義の幾何学』の中ではじめてルクセンブルクに言及しているが、ルクセンブルクはブハーリン(!)やシュンペーターとともに「近代の帝国主義理論」の理論家として指示されるにとどまっており(Arrighi [1978] p. 126)、『資本蓄積論』を独自に研究した痕跡は見られない。その意味では、アリギは世界システム論の「四人組」の一人ではあるが、厳密に言えば「ローザの子供たち」の一人ではない。

いずれにしても、「四人組」の一人となったアリギは、ウォーラーステインがイギリスのヘゲモニーの確立過程を描いた『近代世界システム』第三巻を一九八九年に出版した後、つまり、「イギリスの世紀」である「長い一九世紀」を描くはずの第四巻の出版がまだしばらく先のことだとわかった後の一九九四年に、さらにその先の幻の第五巻を先取りする形で『長い二〇世紀』を出版することになる。一九世紀末から始まる「長い二〇世紀」とは、アメリカがヘゲモニー国家となる「アメリカの世紀」の物語である。

この本でアリギがまず論じたのは、資本主義世界システムの歴史の中で反復される「蓄積のシステム的サイクル systemic cycle of accumulation」という現象だった。この概念はアリギ独自のものである。彼によれば、「世界システムとしての歴史的資本主義の反復的パターン」は、「生産拡大期」と「金融再生・拡大期」が交互に生じることにある。

> 生産拡大の局面では、貨幣資本は商品（労働力商品と自然の恵みを含む）の大量増加を生み出すが、金融拡大の局面に入ると、今度は大量の貨幣資本が商品資本の形態から解放され、蓄積は金融取引〔……〕を通じて進む。以上を合わせて、この二つの時期もしくは局面が、蓄積のシステム・サイクル（MCM）を構成する。
> （Arrighi [2010] p. 6. 三六頁）

アリギによれば、資本主義世界システムの歴史には「四つの蓄積システム・サイクル」が存在するが、「それぞれのサイクルで、世界的規模の資本蓄積過程の中心的主体と構造が基本的に一貫している」という。「四つのサイクル」とは、一五世紀のオランダ独立戦争から一七世紀前半の三〇年戦争までの「ジェノヴァ・サイクル」、一六世紀後半から一九世紀初頭のナポレオン戦争期までの「オランダ・サイクル」、一八世紀後半から二〇世紀初頭の第一次世界大戦までの「イギリス・

サイクル」、そして一九世紀後半から二〇世紀末の金融拡大局面に至るまでの「アメリカ・サイクル」である（ibid. pp. 6-7. 三六頁）。

この「四つの蓄積システム・サイクル」は、「ヘゲモニー国家」と完全には一致しない。ウォーラーステインは、「資本主義的「世界経済」の歴史をつうじてヘゲモニー国家となったのは、オランダ、イギリス、アメリカ合衆国の三か国しかない」（Wallerstein [1980] p. 38. 四五頁）と明言していた。アリギもそれは否定しない。つまり、「蓄積システム・サイクル」は四つだが「ヘゲモニー国家」は三つであり、「ジェノヴァ・サイクル」は存在するが、ジェノヴァは「ヘゲモニー国家」ではない。

一つの理念型として見ると、「蓄積システム・サイクル」は「長い一世紀のすべてがもつ類似的構造」を示しており、次のような三つの時期をたどることになる。

（1）最初の金融拡大の期間。この期間に、新しい蓄積体制〔regime of accumulations〕が古い蓄積体制の内側で発展する。この発展は、古い蓄積体制の全面拡大と諸矛盾の、必然的な一部分である。（2）新しい蓄積体制の強化と、さらなる発展の期間。この期間に、この体制の主要な主体は、世界経済全体の生産拡大を促進、監視し、そこから利益を獲得する。（3）金融拡大の第二の期間。完全に発展した蓄積体制から生じる諸矛盾が、この期間に、別種の競合する蓄積体制が登場するための空間を作り出し、また諸矛盾はこの新しい蓄積体制の出現によって深められる。新しい蓄積体制のうちの一つが、最後には新しい支配的蓄積体制になる。

（Arrighi [2010] pp. 219-220. 三三八頁）

歴史に即してみれば、歴史上最初の資本主義的「蓄積体制」を構築したのはジェノヴァだが、オランダの台頭以降は、「新しい蓄積体制」の主体と「世界的規模で資本蓄積の社会的政治的環境を管理できる政治的構造の形成」とが一致するようになる。こうして、「いつの時代においても、世界的規模の資本蓄積過程が限界点に達すると、続いて長期間にわたる国家間競争が起こった。余剰資本の最も豊かな資源を支配したか、あるいは支配するようになった国が、闘争の間に、前の時代よりも規模と範囲の大きい、新しい局面の資本主義的拡大を促進、組織、規制していくのに必要な組織能力を獲得する傾向もみられた」(ibid. p. 15. 四七頁)。それが「ヘゲモニー国家」である。

それでは、「ジェノヴァ・サイクル」とはいったい何だったのか。それは、イタリアの都市国家ジェノヴァが、新しい金融の仕組みを確立することでヨーロッパ「世界経済」を主導する立場に立ちながら、「世界帝国」を目指すハプスブルク朝スペイン帝国と同盟関係を結んだために、その後の歴史の中で、資本主義「世界経済」における「ヘゲモニー国家」を形成させることなく歴史的役割を終えた「サイクル」だった、ということになる。

ジェノヴァでは、一四〇七年のサン・ジョルジョ銀行の設立によって、イングランド銀行の設立に三世紀先だって「民間債権者が国家財政を監視する制度」が作られ、一四四七年には「貨幣の交換に関連する取引の計算は、すべて一定量の金貨（まもなく良貨リラとなり、ときどき両替貨幣とも呼ばれた計算の単位）で行なわれることを義務づける法律が成立した」。このような貨幣制度の確立に加えて、小切手と為替手形、支払いの銀行間決済など「あらゆる形態の近代金融資本主義〔modern finance capitalism〕の本当の生誕地は一五世紀半ばのジェノヴァであった」(ibid. p. 115. 一八九頁)。

さらに一六世紀になると、ジェノヴァ人はその「同胞集団」(ヨーロッパ各地に展開する在外資本家)のネットワークを使って、「ジェノヴァ人がアントウェルペン(急速にスペイン帝国軍隊の主要作戦拠点となっていた)に金やその他の「良貨」を送付するかわりに、セビリアにおけるアメリカ銀の供給を彼らにほぼ完全に支配させる、というスペイン政府との契約を導入した」(ibid. p. 134. 二一四頁)。要するに、ジェノヴァの金融資本家層は、一五六八年から一六四八年まで続くオランダ独立戦争において、スペイン帝国に融資する側に立ったのである。「しかし結果的に、ジェノヴァ人を資本主義世界経済の管制高地から引きずり降ろしたのも、この同じ戦争であった」(ibid. p. 135. 二一六頁)。

こうしてジェノヴァの「新しい蓄積体制」は、ハプスブルク朝スペイン帝国という旧式の「世界帝国」の挫折と運命を共にすることで、次の「新しい蓄積体制」に道を譲ることになる。そして、スペイン帝国に対する独立戦争に勝利したネーデルランド連邦(オランダ)が、近代最初の「ヘゲモニー国家」となったのである。

2 「世界ヘゲモニー」の交代

アリギは、「世界ヘゲモニー」という言葉を使っているが、それはウォーラーステインの言う「ヘゲモニー」とは少し異なる。

本書で使う「世界覇権（World hegemony）」の概念は、国家が主権国家間システムに対して、リーダーシップと統治の機能を果たすときのパワーを指している。〔……〕このパワーは、単なる「支配〔dominance〕」とは異なるもので、それ以上のものである。それは、「知的・道徳的リーダーシップ」の行使で拡大される支配力と結びつくパワーである。（ibid. pp. 28-29. 六八頁）

前章第4節で見たように、ウォーラーステインの言う「ヘゲモニー」とは、「特定の中核国家の生産効率がきわめて高くなり、その国の生産物が、おおむね他の中核諸国においても競争力を持ちうるような状態のこと」（Wallerstein [1980] p. 38. 四五頁）である。したがって、「ヘゲモニー国家」とは、その経済的優位性を武器に「自由貿易帝国主義」の推進主体となる国家のことだった。第二次世界大戦後のアメリカが「関税と貿易に関する一般協定 General Agreement on Tariffs and Trade = GATT」や「世界貿易機関 World Trade Organization = WTO」を通して自由貿易（＝関税引き下げ）を推進し、それに対して一九六〇年代のプレビッシュやUNCTADが「中心部」工業諸国の自由貿易政策を批判していたことを思い出してほしい。

これに対して、アリギはむしろ、国家間システムにおける「リーダーシップと統治」という政治的な機能を重視している。つまり、彼にとっては、経済的な「蓄積体制」の優位性は前提ではあるが、政治的な「ヘゲモニー」はそれとは独立した事柄であり、それらは対立しさえするものなのである。「近代国際システム」について彼はこう述べている。

このシステムにとくに特徴的なことは、資本主義的な力の論理と領土主義的な力の論理〔the capitalist and territorialist logics of power〕が不断に対立しており、両者間の矛盾は主要資本主義国家が世界の政治経済空間を再編することで周期的に解決されてきたことである。

（Arrighi [2010] p. 37. 八〇頁）

このような対立と矛盾の周期的解決を、アリギは「資本主義と領土主義の弁証法」（ibid.）とも呼んでいる。先に見た「ジェノヴァ・サイクル」は、要するにジェノヴァの「資本主義的な力の論理」とスペイン帝国の「領土主義的な力の論理」との矛盾が解決されなかった歴史的実例ということになる。逆に言えば、それ以降の三つの「世界ヘゲモニー」は、資本主義と領土主義との結合によって強力な「資本主義国家」が成立し、それが「世界の政治経済空間を再編」してきた歴史的過程なのである。

その後のオランダとイギリスのヘゲモニーについては、ウォーラーステイン以後ほぼ歴史叙述の通説になっているので、詳しい説明は必要ないだろう。ここでは、アリギの言う「蓄積システム・サイクル」とヘゲモニーとの関係を確認していくことにしよう。

まずはオランダの蓄積体制とヘゲモニーについて見てみよう。アリギは、一五世紀以降のイタリアの都市国家のうち、「国家形成と戦争遂行の完全自立を基礎として地域的結束を目指す」ヴェネツィアの戦略を「国家（独占）資本主義」、他方、「外国政府との政治的交換の関係を基礎として世界的規模の拡大を目指す」ジェノヴァの戦略を「世界（金融）資本主義」と特徴づけたうえで、一七世紀初頭のオランダではこの二つの戦略が一つに統合されたと見ている。オランダでは、金融資本家層が国内の政治的権力と結びつくことによって「自前で戦争遂行と国家形成を進めることが可能となり、またオランダ貿易、金融の地域的統合と世界的規模の拡大と結びつけることになった」(ibid. p. 140. 二二二頁)。

オランダの「新しい蓄積体制」の構成要素は、「アムステルダムにおける最初の常設証券取引所の開設」(ibid. p. 142. 二二四頁)と、それが媒介した「特許会社、とりわけ東インド会社の株式への投資と投機」(ibid. p. 144. 二二七頁)だった。他方で、「オランダ東インド会社が東インド諸島で貿易を拡大し、利益を上げていくために、有利な需要と供給の条件を作るには、広範な軍事行動と領土征服を必要とした」(ibid. p. 158. 二四九頁)。この軍事力の優位と植民地支配とが、オランダの「世界ヘゲモニー」を支えたのである。

アリギは、オランダ東インド会社による東南アジアの植民地化過程を、スペイン人の新大陸支配と比べながら次のように特徴づけている。

> オランダ人の残忍性の記録は、十字軍的イベリア人が非ヨーロッパ世界のいたるところで現実化した奈落の水準に匹敵するものか、あるいはこれを凌ぐものであった。オランダ人は、土地の人々を（文字通りにも、比喩的にも）奴隷とし、彼らから生活の手段を奪い、東インド会社の政策に対する彼らの抵抗を粉砕するために武力を用いた。しかし、この残忍性は、まったく行

動の企業的論理に内面化しており、それは収益性を破壊するものではなく、それどころか収益性を与えるものであった。（ibid. p. 159. 二四九頁）

つまり、収益性という「企業的論理＝資本主義的な力の論理」に突き動かされ、収益を確保するためには「領土主義的」な植民地支配と大量殺戮をもいとわない、そのような暴力の主体こそが、旧式の「世界帝国」とは区別される、近代世界システムの「ヘゲモニー国家」だということである。しかし、「オランダの蓄積戦略の成功自体がすぐに、オランダの世界貿易システムが無限に拡大し続ける能力を抑え、その基盤を覆し、最後にはこれを破壊する諸勢力を生みだすことになった」（ibid. p. 144. 二二八頁）。それが、オランダに対抗する近隣諸国の「重商主義」政策である。

アリギは「重商主義」を「世界的規模のオランダ資本主義から突きつけられた挑戦への、領土主義支配者の模倣的反応」と定義しているが、重要なのは、「領土主義的経済自立の原則を「国民経済の形成」という新しい形で再主張、再確立し、この原則をもって、世界中の仲介者というオランダの原則に対決しようという彼らの姿勢」だった、と述べている（ibid. p. 145. 二二九頁）。つまり、「重商主義」や「国民経済」という、通常は一国単位の歴史叙述の中で発展段階論的に語られる政策や概念そのものが、実際には資本主義世界経済の場で、国家間関係に規定されて成立した「模倣的反応」だということである。

そのような重商主義国家の中で、一六五二年から一六七四年まで続いた対オランダ戦争に勝利し、いわゆる大西洋三角貿易をオランダ人から奪い取ることでオランダのヘゲモニーを突き崩したのが、イギリスだった。アリギによれば、ジェノヴァとオランダでは「代表的な資本主義企業は、典型的に長距離貿易と高等金融に従事していた」のとは対照的に、「イギリス・サイクルでは、資本蓄積の基礎は、生産過程の組織化と合理化に深く関わる資本主義企業におかれていた」（ibid. p. 182. 二八三頁）。この工業生産を基盤として、新たな大西洋三角貿易が成立する。

（1）イギリスの工業製品をアフリカの奴隷と交換し、（2）アフリカの奴隷をアメリカの熱帯産品と交換し、（3）アメリカの熱帯産品をイギリスの工業製品と交換する貿易回路が、歴史の決定的局面で、イギリスの「産業革命」の離陸に必要な有効需要と資本源泉を増大させることになった。（ibid. p. 204. 三一五頁）

その意味では、まさに「奴隷貿易こそがイギリス産業革命のもっとも重要な起源であった」（川北［1983］一四三頁）、ということができるのである。

ここで「ヘゲモニーの交代」という現象について、一つ注意しておく必要がある。イギリスとの戦争に敗れてヘゲモニーを失った後のオランダは、急速に没落したわけではない。オランダ東インド会社は、その後もオランダ領東インド（現在のインドネシア）を支配し続けたし、一七世紀初頭から一八五四年まで日本との貿易を独占していた唯一のヨーロッパ勢力だった。二年半にわたる日本軍の占領が一九四五年に終わった後、四年間の独立戦争を戦い抜いたインドネシアがオランダからの独立を勝ち取るのは、一九四九年のことである。しかし、一七世紀末以降、「オランダ東インド会社がインド洋の少量の香辛料貿易で高い利潤率を上げても、イングランドの事業が大西洋貿易、東インド諸島織物貿易の双方で大量商品を取り扱って上げる利潤の量的規模には、次第に及ばなくなりつつあった」（Arrighi [2010] p. 209. 三二三頁）。ヘゲモニーを失うとは、そういうことなのである。

イギリスのヘゲモニーを支えた蓄積体制の特徴は、狭い意味での資本主義的「生産様式」が成立したことにある。さらにイギリスは、「国内の労働力供給を市場の価格決定メカニズムに任せた一八三四年の救貧法改正」、「国内経済における貨幣流通をこれまで以上に厳格に金本位制の自己調整メカニズムに任せた一八四四年のピール銀行法」、「イギリス市場を全世界からの穀物供給に開放した一八四六年の反穀物法」の三つの制度的枠組みによって、「イギリスを中心とする自己調整的な世界市場システムの中核を確立した」（ibid. p. 265. 三九九頁）。それが世界的規模での植民地支配に支えられることによって、一九世紀のイギリスのヘゲモニーは「自由貿易帝国主義という表現をもって特定できる」（ibid. p. 55. 一〇四頁）ものになるのである。

しかしながら、「一八七〇年頃に、生産活動と、これに関連する貿易活動が、もはやこの目的を達成できなくなると、イギリスの資本は、早速、一三〇年前のオランダ資本、三一〇年前のジェノヴァ資本と同様に、金融の投機、仲介に特化する方向に進んだ」（ibid. p. 227. 三四八頁）。こうして、イギリスもまたヘゲモニーを失っていくことになる。

イギリスの蓄積体制が「市場資本主義」だったとすれば、一九世紀末に確立するアメリカの蓄積体制の中核は、企業の活動と原料供給者・顧客の活動との垂直的統合に基づく「一種の企業資本主義〔corporate capitalism〕」（ibid. p. 277. 四一五頁）だった。こうして、ようやく「アメリカの世紀」

としての「長い二〇世紀」について語ることができる。アメリカのヘゲモニーを可能にしたのは、取引コストを内部化した垂直統合型企業である多国籍企業と「軍事・産業複合体」(ibid. p. 224. 三四四頁)が生み出す圧倒的な軍事力であり、他方では、一九四七年時点で「世界全体の七〇%を占める金準備高に支えられたドルの「世界流動性支配」(ibid. p. 284. 四二四頁)であった。

こうして、第二次世界大戦後の「アメリカは、広い範囲で従属的国家、同盟国家の政府に効果的な保護を供給できる十分なパワーをもち、世界中のどこでも、非友好的政府に向けて経済的圧殺や軍事的壊滅の脅しを実効的に行なうのに、十分なパワーをもっていた」(ibid. p. 224. 三四四頁)。その具体例について改めて詳しく説明する必要はないだろう。

しかし、アリギは、一九七〇年頃にはアメリカのヘゲモニーの衰退が始まったと見ている。その兆候の一つが、「一九六七年と一九七四年の間に、対外直接投資総額におけるアメリカの割合は急速に低下した」(ibid. p. 314. 四六四頁)ことである。それでは、一九七〇年代以降のヘゲモニーはどうなったのだろうか。ヘゲモニーの交代はあるのだろうか。それについては節を改めて見ることにしよう。

3 新しいヘゲモニー国家の台頭?

『長い二〇世紀』以後、アリギが改めてアメリカのヘゲモニーの衰退と新たなヘゲモニー国家の台頭という問題に取り組んだ成果が、二〇〇七年に出版された『北京のアダム・スミス』である。この著書の題名が示しているように、彼が注目したのは「一九九〇年代前半の中国の劇的な経済的前進」だった。それによって、「東アジア中心の世界市場社会が形成される可能性も増大した」（Arrighi [2007] p. 7. 二四頁）というのである。

アリギが中国に目を向けた理由は、「中国は日本や台湾のようにアメリカの臣下ではなく、香港やシンガポールのように単なる都市国家ではない」こと、そして「中国は東アジアとそれを超えた商業的・経済的拡大の主たる機動力として、次第にアメリカにとって代わるようになってきた」ことにある。さらに何よりも決定的だったのは、二〇〇一年九月一一日の事件に応じてブッシュ政権が打ち出した「アメリカの新世紀プロジェクト」、つまり「西洋中心のグローバルな帝国」を実現させようという計画が、イラク戦争とその後の占領政策の失敗によって挫折したことにあった（ibid. pp. 7-8. 二三―二四頁）。

アリギは、一九九四年には、アメリカが「武力、欺瞞、説得によって、新たな中心地〔東アジア〕に蓄積されている余剰資本を収奪し、そうすることで、真に地球的な世界帝国を形成して、資本主義の歴史に終止符を打つかもしれない」（Arrighi [2010] p. 369. 五三七頁）と述べていた。しかし、二〇〇七年にはその可能性がほぼなくなったと判断したことになる。

アリギによれば、アメリカのヘゲモニーの衰退が始まるきっかけは、一九六〇年代から本格化し一九七五年に敗北で終わったヴェトナム戦争だった。「その結果、アメリカはグローバルな警察官としての政治的信用をほとんど失い、そして冷戦政策が抑制していたナショナリスト革命勢力と社会革命勢力を大胆にさせた。軍事機構の政治的な信用の大半と同時に、アメリカは世界の貨幣システムのコントロールもまた失った」(Arrighi [2007] p. 155. 二二一頁)。アメリカはヴェトナム戦争中の一九七一年に金とドルとの交換を停止し、各国通貨の為替レートは変動相場制に移行するが、一九七〇年代のドルの急速な下落は、「アメリカが、グローバル政治経済のなかでの中心的位置を維持する国家的能力を、相対的かつ絶対的に失いつつあることの現れ」(ibid. p. 203. 二八六頁)だった。

さらに、二〇〇三年三月に始まるイラク戦争とその後の占領は、「第二のアメリカの世紀の礎を築くどころか、アメリカの軍事力に対する信頼を損ね、グローバル政治経済におけるアメリカとその通貨の中心的地位を低め、東アジアとそれを超えた地域でアメリカのリーダーシップに代わる中国の台頭の傾向を強化した」(ibid. p. 209. 二九六頁)という。

アメリカのヘゲモニー喪失過程として、アリギが最も重視しているのは、アメリカがもはや独力では戦争遂行の費用を調達できなくなったことである。すでに一九九一年の湾岸戦争の際に、ブッシュ政権はサウジアラビア、クウェート、アラブ首長国連邦、ドイツ、日本などから合計五四一億ドルに上る財政援助を引き出した。特に、日本の拠出金は一三〇億ドルに上った(ibid. p. 258. 三六三頁)。しかし、イラク戦争中の二〇〇三年一〇月にマドリードで招集された「資金供与国会議」では、集められた援助額は「目標額の三六〇億ドルの八分の一以下、アメリカの約束額であった二〇〇億ドルの四分の一よりも相当下回っていた」(ibid. p. 260. 三六六頁)。ドイツとサウジアラビアは事実上何も出さず、日本の寄付も一五億ドルにとどまった。

アメリカのイラク占領は二〇一一年一二月にアメリカ軍の完全撤退によって終結したが、その後イラクやシリアで起きている政治的・軍事的混乱や「イスラム国」の台頭もまた、アメリカのヘゲモニー喪失の現れの一つだと見ることができるだろう。

それでは、中国の台頭は何を意味するのか。中国が新しいヘゲモニー国家としてアメリカに取って代わる可能性はあるのだろうか。アリギは、二一世紀に入って中国がアメリカのヘゲモニーに対する挑戦を公然と始めたことに言及し、さらに「中国にとっての最適な対米戦略」を次のように想定している。

第一に、終わりの見えないテロとの戦いによって、アメリカが軍事的にも金融的にも消耗し尽くすに任せること、第二に、ますます支離滅裂になっていく超大国アメリカに、財や信用を供給することで中国自身を豊かにすること、そして第三に、中国に中心を置くが必ずしも中国の軍事的支配ではないような新しい世界秩序の創出に向け、(アメリカのいくつかの企業も含めた)同盟国を引き入れるよう、拡大し続ける国内市場と富を用いること、これらは中国にとって、もっとも関心にかなうものではないだろうか。(ibid. p. 312. 四三七―四三八頁)

しかし、他方でアリギは、中国が抱える「資本主義と領土主義」の矛盾をも指摘している。中国の資本主義を実質的に支えているのは香港や台湾などの華僑資本(在外中国系企業)であり、資本主義的勢力としての在外企業と領土主義的権力としての中国共産党との「政治的同盟」の確立が中国の台頭の基礎をなしている、ということである。歴史的に見れば、「中国政府と華僑の資本家との関係は、一六世紀のスペインとポルトガルがジェノヴァ人のディアスポラ資本家と維持した政治的取引の関係によく似ている」。ここには対立と矛盾がはらまれている。したがって、これから問題になるのは、かつてのオランダやイギリスのように、「中国政府が本土自体で台頭する民族ブルジョワジーの共通の関心事に、うまく対処する委員会になる過程にあるかどうか」(ibid. p. 359. 四九八頁)なのである。

つまり、中国共産党政府が中国本土の資本家の利益を擁護する政府に完全に変身するという逆説的な過程がうまく進行するならば、中国が資本主義世界経済における新たなヘゲモニー国家になる可能性がある、ということである。アリギは、その場合の「新しい蓄積体制」の中核を担うのは、一九九〇年代に急成長を遂げた郷鎮企業だと見ている。「郷鎮企業は、組織的多様性にもかかわらず、あるいはおそらく多様性のために、前世紀にアメリカ経済の台頭において垂直的に統合され官僚的に経営された企業が役割を果たしたのと同様に、中国経済の台頭に重要な役割を果たした」(ibid. p. 363. 五〇四頁)からである。その郷鎮企業が今後どのような役割を果たすのか、それが中国資本主義の行方を規定する、ということになるだろう。

もう一つアリギが重視するのが、国際金融に関する中国の役割である。中国は、一方ではアメリカの財務省証券を大量に購入してアメリカ経済を支えてもいるが、他方では、「南側の経常収支の黒字を南側に移転させるうえで主導的な役割を果たし、北側の政府や金融機関による交易、投資、援助に対抗する魅力的な代替案を南側の諸国に提供するうえで主導的な役割を果たしてきた」(ibid. p. 382. 五三〇頁)。その一つの例が、二〇〇六年一二月に中国がフィリピンへの三年連続二〇億ドルの融資パッケージを表明したことであり、これは日本の対フィリピン融資額の一〇億ドルを優に凌ぐものだった。

要するに、中国は、従来の周辺部から中心部への価値移転を阻むことができるような国際金融上の位置を獲得しつつある、ということである。その後に起きた出来事としては、二〇一三年一〇月以来中国が提唱し、二〇一五年四月に五七カ国の参加が確定した「アジアインフラ投資銀行 Asian Infrastructure Investment Bank = AIIB」も同じような意味をもつだろう。特にこの場合には、アメリカが友好国に対してAIIBに参加しないよう呼びかけたにもかかわらず、それを振り切って英独仏をはじめとするヨーロッパの主要国やオーストラリア、韓国などが参加を表明し、アメリカに同調して参加を見送った「従属的国家」は日本だけだったという事実が、アメリカの影響力の低下を如実に物語ることになった。

このようにアメリカのヘゲモニー喪失は、もはや隠しようのない事実である。しかし、アリギは他方で、中国の「経済成長」の負の側面についても触れている。「端的にいえば、中国の急速な経済成長は、西側のエネルギー消費型の径路にあまりに信頼を置きすぎることで、中国だけでなく世界にとっても生態的に持続可能な開発の径路を、まだ開いていないということである」(ibid. p. 389. 五三八頁)。中国がこのような従来型の資本主義的な「経済成長」を続けることは、資源枯渇による成長の終わりを早めるだけでなく、国内の経済的格差を拡大して、社会的な亀裂を生じさせることにもなる。

そうだとすれば、中国はいったいどうなるのだろうか。これまで見てきたように、アリギは、中国が資本主義世界経済における新しいヘゲモニー国家になる可能性を完全に否定しているわけではない。しかしながら、中国がかかえる資本主義的な力の論理と領土主義的な力の論理との矛盾や、資本主義的工業化に伴うさまざまな問題を考えれば、それが困難な道であることも確かである。いずれにしても『北京のアダム・スミス』の結論は次のようなものであった。

中国が政策転換によって、中国中心の市場基礎の発展、略奪なき資本蓄積、物的資源よりも人的資源の動員、政策形成における大衆参加型の政府、といった中国の伝統を回復し強化することに成功すれば、文化的差異を真に尊重する諸文明の連邦の形成という点でも、中国は決定的な貢献をする可能性がある。しかし、中国が政策転換に失敗すれば、中国は社会的・政治的混沌の新たな震央となるかもしれない。すると、そのような混沌のなかで、先進資本主義諸国側が、崩壊しつつあるグローバルな支配を再興しようとするかもしれない。あるいは、ふたたびシュンペーターの言葉を言い換えれば、人類が冷戦世界秩序の消滅に続いて起こった暴力のエスカレーションの恐怖（あるいは栄光）の中に焼き尽くされてしまうことに、中国が手を貸すことになるかもしれない。（ibid. p. 389. 五三八―五三九頁）

ここには三つの可能性が示されている。第一は、中国の「政策転換」が「文化的差異を真に尊重する諸文明の連邦の形成」に貢献することである。ここで想定されているのは、もはや資本主義的ではない、もっとエコロジー的で民主的な別の世界システム（ウォーラーステインの言う「民主主義的で平等主義的なシステム」）の形成可能性だということになるだろう。「政策転換」という言葉は控えめだが、これは、現在の中国政府自体の革命的転換なしにはありえないような、体制と意識の大きな構造的変化を意味している。

第二は、中国が「政策転換に失敗」した場合のシナリオであり、言い換えれば、中国が現在のままの国家資本主義的政策を続けていった場合に起こりうる可能性ということである。中国におけるバブルの崩壊が世界経済を直撃し、世界的規模での「社会的・政治的混沌」が引き起こされ、そのカオスの中でアメリカ（あるいは従来の資本主義的中心部全体）がヘゲモニーを再建するかもしれないという、あまり明るくはない未来である。

第三は、最悪のケースである。「シュンペーターの言葉」というのは、オーストリア出身の経済学者ヨーゼフ・シュンペーターの『資本主義・社会主義・民主主義』の中の一節を指す。一九四二年に出版されたこの本の中で、シュンペーターは「資本主義体制には自己崩壊に向かう傾向が内在すること」を指摘しているが、他方では、「将来に浮かび出る社会主義の種類」についても、「社会主義がそもそも現実に出現するか否か」についても、私たちは知ることができないと述べている（Schumpeter [1976] pp. 162-163. 二五四―二五五頁）。そのうえで彼はこう続ける。

社会主義への傾向を認め、この目標を心に描くことと、この目標が現実に到達し、それによって生ずる事態が作用しうるものである――永久になどということではなくても――と予言することとは、まったく別個の事柄である。人類が社会主義の土牢（あるいは天国）のなかで窒息する（あるいは日向ぼっこをする）まえに、帝国主義戦争の戦慄（あるいは栄光）のなかに焼き尽くされてしまうことも十分にありうることである。
（ibid. p. 163. 二五五頁）

シュンペーターがこう書いたのは、ナチス・ドイツが再軍備宣言を行った一九三五年のことだった。アリギは、結果的に第二次世界大戦の勃発を予言することになったこの言葉を、中国とアメリカのヘゲモニー争いが第三次世界大戦を引き起こす可能性と重ね合わせていることになる。今度こそ、核兵器保有国同士の熱核戦争によって本当に人類が「焼き尽くされてしまう」かもしれない、という可能性である。

この三つの可能性のいずれも見届けることなく、アリギは二〇〇九年六月に亡くなるが、彼はその三カ月前の三月に『長い二〇世紀』の第二版のための「あとがき」を書いていた（現行の邦訳書には未収録）。そこには『北京のアダム・スミス』の結論への補足説明を見ることができる。

地球規模の政治経済における中国の経済的比重の増大が、それ自体で、世界の諸文化と諸文明の相互的尊重に基づいた、東アジア中心の世界市場社会が出現することを保証するわけではない。上述のように、そのような結果は、これまでのものとは根本的に異なる発展モデルを前提とする。それは何よりも、社会的にもエコロジー的にも持続可能な発展のモデルであり、地球の南側諸国に対して、西洋の支配の存続とは別のより公正な選択肢を提供するものである。これまでのヘゲモニー移行はすべて、長期にわたるシステムの混沌によって特徴づけられてきたが、ありうる別の結果についても同じことが言えるだろう。『長い二〇世紀』で提示した未来の選択肢のシナリオのうち、どれが実現するかはまだわからない。その答えは、われわれの集団的な人間的営為によって決定されるだろう。（Arrighi [2010] pp. 385-386）

これからは「長期にわたるシステムの混沌」が始まる。その混沌の中からどのような未来を選択し構築するかは、私たちの行動にかかっている。それが、世界システムの未来に関するアリギの遺言だった。

4 「世界ヘゲモニー」の行方

このように、ウォーラーステインもアリギも、一九七〇年前後からアメリカのヘゲモニーの衰退過程が始まっていること、それと同時に資本主義世界経済そのものの「構造的危機」、あるいは「システムの混沌」が始まっていることを強調している。アリギは、現に中国がアメリカのヘゲモニーへの挑戦を試みていることを認識しているが、中国が新しいヘゲモニー国家となることで資本主義世界システムが今後もそのまま存続する、と考えているわけではない。

しかしながら、ヘゲモニー論そのものはかなり俗流化しながら広く受け入れられており、アリギとは違った意味で中国のヘゲモニーが論じられることも多い。たとえば、現在のイギリスでは、「かつてイギリスが経済的にも文化的にもひたすら従っていた国アメリカは、終末的な衰退をたどっていると見る人が多い」という。そして、「二〇世紀が「アメリカの世紀」なら、二一世紀は「中国の世紀」だろう」というのが、「大半のイギリス人」の考えだそうである（McDonough [2013] p. 198. 三〇八頁）。

アリギは「東アジア中心の世界市場社会」の形成可能性について何度か語っているが、それにはたしかに現実的根拠がある。「東アジア域内貿易」を専門とする経済史家の杉原薫は、日本、NIES四カ国（韓国、台湾、香港、シンガポール）、ASEAN主要四カ国（フィリピン、インドネシア、タイ、マレーシア）、それに中国を加えた一〇カ国・地域を「東アジア」と定義し、「一九五〇年の段階では、アメリカ（二七%）と西ヨーロッパ（二四%）で世界GDPの過半を占め、社会主義圏（ソ連と中国だけで一四%）とともに三大勢力をなしていたのが、一九九八年には東アジア（二六%）とアメリカ（二二%）で世界GDPの四八%を占め、これに西ヨーロッパ（一八%）が続く格好になった。世界経済の中心は明らかにアジア太平洋に移動した」（杉原 [2003] 四—六頁）、と指摘している。

杉原によれば、一九八〇年代以降は「アジア域内貿易の急成長」が目立つが、それは「日本ではなくNIESと中国が成長を主導した」ものだった。つまり、「かつてのようにアメリカへの輸出が域内分業を誘発するのではなく、域内分業の深まりが、逆にアジア太平洋貿易、世界貿易の成長を誘発しはじめたのである」（同上、三六頁）。その意味では、アリギの言う「東アジア中心の世界市場社会」は現実に形成されつつある。問題は、それが資本主義世界経済の変容にどのような役割を果たすか、ということだろう。

他方では、アリギも触れていたが、そもそも「中国人」とは誰かという問題がある。東南アジア地域研究者の白石隆は、「一九世紀末以降、天津、上海、広州、アモイ、香港からマニラ、シンガポール、ペナン、バタヴィア、スマランなどに登場するようになった、英語を流暢に話すチャイニーズ」を「アングロ・チャイニーズ」と名づけ（白石／ハウ［2012］一八七―一八八頁）、大陸の中国人に関しても、「特にそのエリートの「アングロ・サクソン化」はおそらく確実に進むだろう」と予測している。実際に、「中国共産党中央委員会執行委員九名のうち、八名は子どもをアメリカの大学で教育している。中国の富豪の中には、シンガポールで子どもを教育しようとする人たちが増えている」（同上、一九八頁）からである。

白石が指摘しているのは、アリギの言う資本主義的勢力（華僑資本家）と領土主義的権力（中国共産党）との「政治的同盟」の具体的な担い手についての補足説明でもあるが、それにとどまらず、中国共産党政府のエリート層自体が次第に「アングロ・サクソン化」することで、資本主義と領土主義との「政治的同盟」のあり方そのものが変容する可能性である。言い換えれば、中国共産党そのものが変質する可能性である。

しかしながら、白石は、中国がヘゲモニー国家となる可能性には否定的である。彼は、「これから一〇―二〇年で中国の経済規模は購買力平価で見れば、米国を凌駕するだろう」ということは認める。しかし、「それでも、米国とその同盟国、パートナー国が連携すれば、力の均衡が圧倒的に中国に有利になることはありえないし、まして、中国が東アジアにおいてみずから新しいルールと制度を作り、それを周辺の国々に押しつけることができるとは思えない」（同上、二一九頁）からである。

白石がそう考える最大の理由は、二〇一〇年以降の中国が東シナ海や南シナ海で見せる「大国主義的行動」が「二〇〇〇年以来の中国のASEAN外交の成果をほとんどご破算にしてしまっている」ことにある。その背後には「中国の党国家体制の政策決定中枢において、かつての鄧小平、江沢民のような圧倒的な実力者がいなくなり、外交政策の戦略的合理性の名の下に国内の「利益集団」を抑え込むことが、国内政治的にきわめて難しくなっているという事情がある」（同上、二六―二七頁）。このように「中国の戦略的意思決定能力が低下し、その行動の長期的な予測可能性が低下すれば、近隣諸国にとって、中国リスクは高まり、そのリスク・ヘッジのためには、米国を入れた「アジア太平洋」の地域協力の枠組みがますます重要となる」（同上、三六頁）、というのが白石の見立てである。したがって、彼は事実上、アリギの言う第二、あるいは第三のシナリオの可能性を想定している、ということになるだろう。

実際に、最近ではそのような意味での「米中伯仲」論を論ずるものも多い。たとえば、国際政治学者の飯田敬輔は、「世界的なアメリカ覇権はなだらかに衰退してきている」（飯田［2013］二五頁）と述べ、その具体的指標として、アメリカの世界における経済規模（GDP）のシェアが一九四五年の五六%から現在の二五%へ、世界貿易のシェアが一九五〇年代の一五%から一一%へと低下していること、外貨準備でも中国が一位、日本が二位であり、アメリカの外貨準備高は取るに足りない量であること、対外純資産でもアメリカは一九八〇年代に純債務国に転落し、現在では世界最大の債務国であること、などを指摘している。さらに興味深いことに、彼はアメリカのシンクタンク

(Pew Research Center) が二〇一一年に実施した「現在の世界で主導的地位を占める経済大国」についての世論調査の結果を踏まえて、「欧米諸国では、アメリカに代わり中国がすでに経済覇権国であるとの認識が強まっている」(同上、二六頁) ことを紹介している。

飯田はまた、アメリカが「一九八〇年代、製造業の衰退に伴って金融に活路を求め、グローバル戦略を展開した」ことを指摘し、アリギの名前を挙げて、彼が「覇権国経済の金融化はそのヘゲモニーが終わりつつある時期だと喝破した」こと、したがって「彼によれば、アメリカ経済覇権はすでに末期症状を呈しているということになる」(同上、一九三頁) ことを言い添えている。

なお、アメリカの「国家情報会議 National Intelligence Council = NIC」が二〇一二年一二月に発表した報告書『グローバルトレンド二〇三〇』は、「中国はおそらく、二〇三〇年の数年前にアメリカの経済規模を追い越して、一国で世界最大の経済になっているだろう」(National Intelligence Council [2012] p. iv) と予測している。ただし、この報告書は、「GDP、人口規模、軍事費、技術投資に基づくグローバルパワー」という点で言えば、「二〇三〇年には――合衆国であれ中国であれ、他のどの大国であれ――一つのヘゲモニー国家というものは存在していないだろう」(ibid. p. iii) と見ている。いずれにしても、アメリカの政府機関自身が自国のヘゲモニーの衰退を公式に予測しているのである。

それに対して飯田は、「そのころ中国は急速な人口減少社会に入っている。特に労働人口は早くも二〇一六年をピークに減少し始める」(飯田 [2013] 二三〇頁) と予測している。したがって、「このような考察を総合すると、今後の米中の勢力構図は、①中期的 (あと一〇～一五年以内) には中国が経済規模でアメリカを追い越すとしても、②それ以後、大きくアメリカを引き離すことはなく、勢力伯仲の時代が長期間にわたって続く、というのが最もあり得るシナリオとの結論に達する」（同上、二四六頁）、という。

したがって、飯田の想定するシナリオは、アリギの言う第二の可能性に近い。あるいは、もっと広く、「長期にわたるシステムの混沌」と言うべきかもしれない。中国政府は現在、南シナ海の西沙諸島 Paracel Islands 近海でヴェトナムと対立し、また南沙諸島 Spratly Islands でもフィリピンやヴェトナムなどと対立して地域の緊張を高めている。しかし、他方では、東南アジア諸国連合と日本・韓国・中国を含む「ＡＳＥＡＮ＋３」一三カ国からなる「東アジア経済共同体」形成を訴えてもいる（二〇一五年三月の「ボアオ・アジアフォーラム」での習近平国家主席の基調演説）。

中国における資本主義的勢力と領土主義的権力との「政治的同盟」がこれからどう変化するか、アリギの言う「中国の政策転換」が実現するかどうか、それが、二一世紀が何の世紀となるのかを占うものになるだろうということは確かである。

終章　資本主義の終わりの始まり

1 「略奪による蓄積」

これまで見てきたように、世界システム論の主唱者たちは、ローザ・ルクセンブルクの「資本主義世界経済」論の影響を受けながら、世界経済の「中心部」と「周辺部」との関係を、「本源的蓄積」の継続に基づく「不等価交換」の関係として説明してきた。そして、その「本源的蓄積」が完了するとき、したがって「世界の資本主義化」が終了して資本主義の「外部」が消滅するとき、「剰余価値の実現」が不可能になり、「資本主義の内部的不可能性」が明らかになる、というルクセンブルクの予言もまた、程度の差はあれ「四人組」に受け継がれてきた。このように「資本主義の不可能性」が露呈し始める時代を、ウォーラーステインは「資本主義世界経済の構造的危機」と呼び、アリギは「長期にわたるシステムの混沌」と名づけた。

しかしながら、現時点で「本源的蓄積」はもちろん終わってはいない。それは、周辺部だけでなく、中心部においてもさまざまな形で内部化され、今なお継続している。

ふつう世界システム論者に数え入れられることはないが、個人的にアミンやアリギと親しく、理論的立場も近い人物として、イギリス出身でアメリカ在住の人文地理学者デヴィッド・ハーヴェイがいる（アリギの『長い二〇世紀』と『北京のアダム・スミス』の邦訳には、最終頁にアリギとアミンとハーヴェイの三人が並んでいる写真が載っている）。彼もまた、二〇一〇年の著書『〈資本論〉入門』の中で、「本源的蓄積」論に関して「ローザ・ルクセンブルクはマルクスに説得的な異議申し立てを行なっている」(Harvey [2010] p. 94. 一四八頁)と述べ、「資本主義の歴史地理全体を通じて本源的蓄積が継続しているという問題」について、「ローザ・ルクセンブルクはほとんど一世紀も前に、この問題を確固として議論の俎上に乗せた」(ibid. p. 305. 四五二頁)と、『資本蓄積論』への高い評価を表明している。彼もまた、「ローザの子供たち」の一人なのである。

そのうえでハーヴェイは、「本源的 ursprünglich, primitive」という歴史的過去を指す形容詞では意味が不正確になるとして、「本源的蓄積」を「略奪による蓄積 accumulation by dispossession」という表現に置き換えた。彼が特に強調するのは、一九七〇年代半ば以降アメリカやイギリスの「新自由主義的」政府が行った政策は、まさに「略奪による蓄積」にほかならない、ということである。

「略奪による蓄積」は、グローバル・システムの全体を通じて拡大し深化したのと同時に、資本主義の中核地域においてもますます内部化されていった。われわれは、本源的蓄積(中国の場合にはそのようにみなすのが合理的かもしれない)ないし「略奪による蓄積」(中核地域における私有化/民営化の波を通じて起こったもの)を単に資本主義の前史に関わるものとみなすべきではない。〔……〕そして、それはあらゆるものを――土地や生計手段にアクセスする権利を奪うことから、労働運動による激しい階級闘争を通じて過去に苦労して獲得されたさまざまな諸権利(たとえば年金、教育、医療)を切り縮めることに至るまで――含みうる。(ibid. p. 310. 四五八頁)

また、ハーヴェイがその翌年に続けて出版した著書『資本の〈謎〉』によれば、そもそも「複利的割合での永続的蓄積は、アクセス可能な労働力の十分な予備が永続的に利用可能であるかどうかにかかっている」のだが、「たとえばこの三〇年間で、中国の開放や中・東欧の共産主義の崩壊を通じて約二〇億人もの賃金労働者が利用可能な国際労働力に加わった。世界の至るところで、農村住民が、したがってまた独立農民が労働力として統合されつつある。なかでも最も劇的なのは女性の動員であって、彼女たちは今や国際労働力の支柱を形成している。資本主義的拡張のための大規模な労働力プールが今や利用可能になっている」（Harvey [2011] p. 58. 八四—八五頁）。このように、「本源的蓄積＝略奪による蓄積」は、中心部での「内部化」の度合いを高めながら、周辺部においても相変わらず継続しているのである。

しかし、中心部と周辺部の双方における「略奪による蓄積」の継続にもかかわらず、まさにそれゆえに、蓄積は不可能になりつつある、とハーヴェイは言う。この点でも、彼はやはり「ローザの子供たち」の一人なのである。

対処すべき中心的問題は十分明白である。永遠の複利的成長は不可能であり、この三〇年間世界を苦しめてきた諸困難は、持続的資本蓄積に対する限界が忍びよりつつあること、それは、持続不可能な虚構を創造することによってしか克服できないことを示している。このことに加えて、世界中で膨大な数の人々が絶望的貧困の条件のもとで暮らしており、環境悪化が手に負えないぐらい急速に進行し、人間の尊厳が至るところで侵害されている。

（ibid. pp. 227-228. 二八三頁）

私自身、ウォーラーステインやアリギと同じように、そしてハーヴェイと同じように、「資本主義世界経済の構造的危機」はすでに始まっており、持続的資本蓄積（＝拡大再生産）には「限界が忍びよりつつある」のであって、私たちはすでに「長期にわたるシステムの混沌」に巻き込まれている、と考えている。資本主義世界システムの「終わりの始まり」である。世界的規模で経済成長率（＝資本蓄積の指標）が低下し、特に中心部でマイナス成長に陥る国が続出していること自体が、その一つの現れである。ただし、重要なのは、この「終わりの始まり」の過程は、それ自体きわめて不均衡な形で進んでいる、ということである。

第一に、資本主義企業にとって「剰余価値の実現」が困難になるという過程は、企業間の業績格差の拡大を伴いながらきわめて不均衡に進行している。つまり、一方で、利潤を確保して拡大再生産を続ける少数のグローバル企業と、他方で、赤字に転落して倒産し廃業する多数の企業との、両極分解の進行である。この不均衡はたんに企業規模の問題ではなく、日本でもかつては花形だった大規模家電メーカーの多くがここ数年で危機的状況に陥ったことが示しているように、業種による構造的不均衡という形でも現れている。

国内最大手の信用調査会社・帝国データバンクが発表している年度別「倒産集計」によれば、二〇一四年度の全国企業倒産（負債総額一〇〇〇万円以上の法人および個人経営）は九〇四四件だった。二〇一三年度は一万〇一〇二件、二〇一二年度は一万〇七一〇件なので、ここ数年ではわずかに減少傾向が見られるとはいえ、それでも毎年ほぼ一万前後の企業が倒産しているのが現状なのである(http://www.tdb.co.jp/report/tosan/index.html)。

第二に、このような収益条件の悪化と連動して、中心部での「国内植民地化」と「不等価交換の内在化」が進行し、それによって、中心部諸国でも国内の階級間格差だけでなく、労働者階級内部の格差が拡大している。多くの国で正規のフルタイム職に就くことのできる労働者の割合が低下し、非正規のパートタイム労働者や派遣労働者の割合が増加し、失業率も増加している。さらには、これもハーヴェイが指摘しているように、「資本家は、労働システムの選択可能性を維持することを好む」ので、「工場制度で十分な利益を得られないのであれば、家内制度に戻るという選択肢を欲する」。アメリカ国内でも中国でも、「搾取工場《スウェットショップ》や家族労働制度の復活、問屋制度、下請け制度、等々はこの四〇年間におけるグローバルな新自由主義的資本主義の顕著な特徴であった」(Harvey [2010] pp. 225-226. 三四〇頁)。

それに加えて、「熟練解体と再熟練化を通じて慢性的な雇用不安がつくり出され、技術誘発型失業がそれに拍車をかける(アメリカでの近年の雇用喪失の約六〇%は技術変化に起因するものであり、広く非難されている、メキシコ、中国その他への企業の海外移転によるものは三〇%にすぎない)」(Harvey [2011] p. 93. 一二三頁)。つまり、労働者間の競争だけでなく、「機械との競争」(Brynjolfsson & McAfee [2011])もまた、大量の労働力予備軍を生み出すことで「不等価交換の内在化」を推し進めているのである。

第三に、ウォーラーステインが指摘するように、「資本主義とは、経済的損失を政治体が絶えず吸収しながら、経済的利得は「私人」[つまり資本家または私企業]に分配されるような仕組みを基礎としている」(Wallerstein [1974a] p. 348. 四〇九頁)。したがって、「不等価交換の内在化」が急速に進んだ中心部諸国では、貧困層の増加に伴って生活保護や失業保険などの社会保障関連支出が増大し、それが国家財政を圧迫して、財政破綻寸前に立ち至った国も少なくない。財政赤字を補填するために国債発行に依存し続け、政府債務残高が二〇〇九年に国内総生産の二〇〇%を超えてしまった日本も(IMFによる二〇一五年四月時点の推計値で、GDP比二四六%=一二三二兆円)、その例外ではないのだ。

ギリシャやイタリアの財政危機を分析したフランス在住の社会学者マウリツィオ・ラッツァラートは、「公的負債は、一種の社会化された賃金を体現している。だからこそ、新自由主義の緊縮政策は、あらゆる社会的権利(年金、健康、失業など)の制限、公共サービス、公的雇用、公務員の給料などの削減に集中しているのであり、それは「借金人間《ホモ・デビトル》」を創り出すためなのである」(Lazzarato [2011] p. 97. 一六一頁)、と指摘している。つまり、現在のギリシャやイタリアでは、「経済的損失を吸収する」ことで資本主義企業を支える役割を果たしてきたはずの国家そのものが、その国債を保有するヨーロッパ中心部の金融資本(フランスのBNPパリバやドイツのコメルツバンク、ドイツ銀行など)に利子を返済するために、「略奪による蓄積」を強いられているのである。ラッツァラートはこれを「恐喝の経済 économie du chantage」(ibid. p. 200. 一九八頁)と呼んでいるが、これもまた「資本主義世界経済の構造的危機」の一つの目に見える形だと言うことができるだろう。

2 「資本主義の終わりの始まり」

それでは、改めて私たちの身の回りの具体的な生活に即してみた場合、「資本主義の終わり」は実際にどのように「始まっている」のだろうか。それについては、世界各地ですでにさまざまな証言がある。

第一は、「地下経済」の増大である。ギリシャとイタリアの状況を取材してきた毎日新聞記者の藤原章生によれば、「ギリシャではGDP（国内総生産）の三割、つまり一〇〇〇億ユーロ近くの金が闇で動いているといわれる」（藤原［2012］三五頁）。いわゆる「地下経済」である。なぜそうなるのか。理由の一つは、「官公庁が正式なルートを通さず裏取引で許認可を与える」ために賄賂が横行しているからだそうだが、もう一つは、「官民問わず大多数のギリシャ人は本業だけでは食べて行けず、副業を持っている」からである。正規の仕事が終わった後の時間に、レストランやバーで働く人も多いという。このような無届けの副業が人々の生活を支えると同時に、「免税や脱税を生む非公式な経済」（同上、三六頁）としての「地下経済」を生み出している。

「地下経済」あるいは「闇」という言葉には犯罪的な暗さがあるが、この場合のそれは、むしろ「生活維持的〈私〉経済」と理解した方がいいだろう。その点で興味深いのが、かつてのソ連や東ヨーロッパに存在した「社会主義」経済の現実である。「社会主義」諸国の経済体制は一般には「計画経済」あるいは「指令経済」という言葉で呼ばれていたが、国家による計画や指令は必ずしもうまく機能していなかった。そのような経済体制の下で、人々の生活を実際に支えたのは、やはり「生活維持的〈私〉経済」だったのである。

ソ連研究者の塩川伸明は、「現存した社会主義」の経済体制について次のように説明している。

公式制度としての指令経済（再分配）を「第一経済」と呼ぶならば、その裏にある事実上の市場（交換）の要素を「第二経済」、事実上の互酬の要素を「第三経済」と呼ぶことができる。〔……〕現存した社会主義は、実は「計画」によって全面的に統制されていたのではなく、計画外の要素と計画とのからみあいを通して、それこそ「自生的」にできあがっていたのである。それが種々の非合理性をはらんでいたことは紛れもない事実だが、同時に、そうした「自生性」が部分的にもせよあったからこそ、人々がその状態に「馴染む」ことがあり、またそれゆえに今日の体制移行に際しても一種の「慣性」が働いて、移行を複雑化しているという点も押さえておかねばならない。（塩川［1999］一一六―一一七頁）

ギリシャでの「無届けの副業」というのは、塩川の言う「第二経済」に相当するかもしれない。実はさらにその下に、必ずしも貨幣のやり取りを伴わない、お互いの労力提供や物資の融通という「第三経済」が存在していて、それが生活維持の最後の頼みでもあった、ということである。

実際に「社会主義」体制下の東ドイツで生まれ育ち、現在のドイツで「東ドイツ人」を代表する知識人となっている哲学者（ベルリン演劇大学学長）のヴォルフガング・エングラーも、東ドイツの

「経済の崩壊を何度も何度も阻止した」のは、人々の「自然発生的な集団的自己組織の能力の驚くべき発展」だったと証言している（Engler [1995] S. 47）。そこでは、「家庭内での出来事、隣人、友人、労働仲間、勇気づけや失望の経験〔……〕いずれにせよ、日常語で「私的」と呼ばれる社会的諸関係」が、「社会的な事柄の出口――個人的であるが故に具体的な出口――を最終的に決定する闘争の現場をなしていた」（ibid. S. 77-78）。形容矛盾のようだが、「私的」な「社会的諸関係」が支えだったのである。

うまく機能しなくなりつつあるシステムの下で生きていく私たちは、どのような形で人とかかわり、生活の資を調達しなければならないのか。そのことを考えるうえで、このような「社会主義」諸国での経験は示唆的である。職場の中で、隣近所で、そして家庭の中で、いざとなったらお互いに頼り合える互酬的な人間関係を構築しておくことが、生活維持に直結するからである（東ドイツに即した一つの事例研究として、石井［2010］が参考になる）。

第二の現れは、中心部での「利子率」の低下である。エコノミストの水野和夫は、世界システム論に依拠しながら、「資本主義の死期が近づいているのではないか」と見ている。その理由は、「端的に言うならば、もはや地球上のどこにもフロンティアが残されていないから」である。彼の説明に従えば、「資本主義は「中心」と「周辺」から構成され、「周辺」つまり、いわゆるフロンティアを広げることによって「中心」が利潤率を高め、資本の自己増殖を推進していくシステムです。／「アフリカのグローバリゼーション」が叫ばれている現在、地理的な市場拡大は最終局面に入っていると言っていいでしょう。もう地理的なフロンティアは残っていません」（水野［2014］三頁）。

水野によれば、この「資本主義の終焉」の目に見える現れが「利子率ゼロ」である。「いくら資本を再投資しようとも、利潤をあげるフロンティアが消滅すれば、資本の増殖はストップします。そのサインが利子率ゼロということです。利子率がゼロに近づいたということは、資本の自己増殖が臨界点に達していること、すなわち資本主義が終焉期に入っていることを意味します」(同上、二一二頁)。

水野は指摘していないが、銀行にささやかな預金をもつふつうの労働者や退職者にとってみれば、預金利子率がほとんどゼロになっている現状は、資本主義の「構造的危機」の中での「略奪による蓄積」の一つの現れだということになるだろう。ハーヴェイの言うように、「それはあらゆることを含みうる」のである。

しかしながら、利子率ゼロという状態は、資本主義にとっては危機だが、資本主義的ではない「定常化社会」を構築するための一つのチャンスだ、と水野は言う。「私がイメージする定常化社会、ゼロ成長社会は、貧困化社会とは異なります。拡大再生産のために「禁欲」し、余剰をストックし続けることに固執しない社会です。資本の蓄積と増殖のための「強欲」な資本主義を手放すことによって、人々の豊かさを取り戻すプロセスでもあります」(同上、二一三頁)。

たしかに、お金は自然に増えるものではない、という意識が常識化すれば、「経済成長」という強迫観念から解放される可能性も広がるかもしれない。世界システム論を精力的に日本に紹介してきた経済史家の川北稔は、「人間は進歩・成長をしなければいけないし、前よりはよい生活になっていかなければいけない」という「一種の強迫観念」を「成長パラノイア」と名づけ(川北[2010]

八六頁）、「「経済成長」という概念は、ヨーロッパを中核として成立する近代世界システムの基本イデオロギーだ」（同上、一一〇頁）と明言している。利子率ゼロという状態は、人々が日常生活の中でこの「成長パラノイア」という心の病から脱却するきっかけとなるかもしれない。なお、川北は、「われわれにとって問題なのは、成長パラノイアということであって、俗に衰退と言われているものはそれほど悲惨なことではない、というのが長年歴史研究に携わってきた私の結論のひとつ」（同上、二五〇頁）だと付け加えている。

もう一つ、「資本主義の終わりの始まり」の第三の現れは、「移民」の増加である。これは意外に思われるかもしれない。周辺部から中心部への労働力移動そのものは、すでに一九七〇年代以降かなりの規模で見られることだからである。アミンがそれを中心部における「国内植民地化」と「不等価交換の内在化」を引き起こすものと捉えていたことは、すでに述べた。そもそも中心部と周辺部との不平等がなくならない限り、「移民」が減少することはないだろう。そうだとしたら、それはそもそも資本主義世界システムそのものに付随する現象ではないか。

しかし、最近では「資本主義世界経済の構造的危機」に伴って、中心部でも周辺部でも「略奪による蓄積」が激化し、世界的にも地域内でも不平等と格差が拡大している。そのことによって周辺部の周辺部においてはさらに経済的不安定が増加し、移民圧力も増大しているのである。しかも最近では、アメリカのヘゲモニーの衰退に伴ってアフリカや西アジアでの政治的不安定が高まり、「難民」という形での人間の移動も増加している。

世界銀行エコノミストのブランコ・ミラノヴィッチは、「世界の不平等」に関連した移民の動向について、次のように述べている。

世界銀行の最近の研究〔二〇〇九年〕は、合法的に可能ならば、他の国に恒久的に、あるいは一時的に、もしくはちょっと試しに移り住みたいかについて、七ヵ国の人々に尋ねている。恒久的あるいは一時的に自国外に移民することに興味を示した人は、アルバニア人の場合はなんと六二％に上る。同様に、ルーマニア人の場合は男性七九％、女性は六九％、バングラデシュ人の場合は男性七三％、女性は四七％だった。この限られた小さな調査でわかることは、経済的に貧しい国々では、もし移民が自由に認められれば、人口の半分以上が出て行ってしまうだろうということだ。

(Milanović [2011] p. 126. 一一八―一一九頁)

しかしながら、現在の地中海で目撃されているように、「豊かな国々にとって大規模な移民は政治的に受け入れ難く、以前にも増して移民流入を阻止するハードルを上げている」。それにもかかわらず、ミラノヴィッチによれば、「長い目で見れば、グローバリゼーションが続く限り、反移民の戦いに勝ち目はない」。なぜなら、「グローバリゼーションは当然の帰結として、世界の人々の生活状況に関する知識と認識を深めることにつながり、国家間の所得格差が大きければ、移民を希望する人々が増えることになる」からである(ibid. p. 163. 一五〇頁)。

ミラノヴィッチは、移民を防ごうと思えば、その対策は次のことしかないと言う。

より良い選択肢は、各国間の平均所得の格差を縮小させるための援助を行うことである。そうなれば、移民を希望する人々は減少し、生活水準の観点から見て世界はより均質な場所となり、グローバリゼーションの継続が脅かされることもないだろう。さもなければ国家間の所得格差は拡大したままとなり、豊かな国々は移民を制限または禁止し、グローバリゼーションは縮小を余儀なくされるだろう。

(ibid. pp. 163-164. 一五〇―一五一頁)

ミラノヴィッチは「グローバリゼーション」という言葉を社会的諸関係の地球規模への拡大という意味で肯定的に使っているが、それは、これまで見てきたように経済的には「世界の資本主義化」の再開であり、まさに資本の「本源的蓄積=略奪による蓄積」の進行過程である。それが不均衡と格差を拡大させているのである。ただし、その反面で、「グローバリゼーション」が人々の世界的なつながりへの認識を拡大させ深化させているのも確かである。世界的な不平等がはっきりと目に見えてきたからこそ、世界が「より均質な場所」となることが目標となるのだからである。

実際に世界が「より均質な」、あるいはむしろ、より公正な場所になるかどうかは、やはり私たちのこれからの実践にかかっている。第五章第3節で紹介したバリバールの言葉をもう一度繰り返せば、中心部に暮らす私たちにとって、移民や外国人労働者との連帯を構築し、移民の権利にかかわるさまざまな闘争(裁判、労働時間をめぐる労働組合の闘争、さまざまな境界の開放と民主化、多文化の実践など)を支援することが、さしあたりの「民主主義の建築現場」(Balibar [2001] p. 310. 三六七頁)なのである。

3　資本主義からの「脱出」

それでは、「資本主義の終わりの始まり」の中で、私たちはそれに対応してどのように生きていけばいいのか。前節でも見たように、「資本主義の終わり」の現れ方は、世界システムの中のどの地域に暮らしているかによって多様で不均等だが、ここでは私たちが住む日本という現場に即して見ていくことにしよう。

今一度繰り返せば、資本主義が終わるということは、「経済成長」が不可能になる、ということである。「経済成長」が止まるということは、言い換えれば、「剰余価値の実現」が不可能になり、個人消費が低迷し、商品が売れなくなり、利潤を獲得できずに赤字に転落して倒産する企業が増加していく、ということである。大学を卒業して会社に就職し、定年まで同じ会社で勤め上げる、という生活の仕方を選ぶことがますます困難になる、ということである。

そうだとすれば、私たちは、これから次第に縮小していくはずの、会社に雇用されて賃金労働者として働く「第一経済」以外に、副業としての「第二経済」や互酬的な「第三経済」にも足をかけて、危険を分散するとともに生活維持を図る、という複線的な生き方を選択せざるをえなくなるだろう。ただし、それはおそらく、単線的な「第一経済」だけの生活よりもずっと「楽しい」ものである。

そのような生活実践は、すでに少しずつ始まっている。たとえば、朝日新聞記者の近藤康太郎は、長崎県諫早支局での記者勤務という本業の傍ら、始業前の早朝一時間だけ「オルタナ農夫」（オルタナティヴな農夫）として自給用の米作りを実践し、それを「資本主義から少しだけはずれる、近代社会からばっくれる」と表現した。「ちょっとだけ、はずれる。全力で逃げるんではない。資本主義社会にも足を突っ込みつつ、肝心なところは、ばっくれる」（近藤［2015］四頁）。さしあたりは、この「ちょっとだけはずれる」ことが重要かもしれない。

それ以上にもっと「資本主義からはずれる」生活実践も、広く見られるようになった。たとえば、「ナリワイ実践者」を自称する伊藤洋志は、「個人レベルではじめられて、自分の時間と健康をマネーと交換するのではなく、やればやるほど頭と体が鍛えられ、技が身につく仕事」を「ナリワイ（生業）」と定義し、「一人がナリワイを3個以上持っていると面白い」と言う（伊藤［2012］二頁）。ナリワイは「やっていて楽しいということも大事な条件なので、単なる労働ではない」（同上、九頁）。それを彼は「人生を盗まれない働き方」と名づけている（同上、副題）。

東京出身の水柿大地は、岡山県美作市で「地域おこし協力隊員」として働いた後、美作市上山地区に住み着いて、そこで同じような「多就業」の生活を実践している。彼によれば、「月に五万円稼げる仕事を五つ持ったら二五万円、六つ持てれば三〇万円になる。仮に一つ仕事がなくなっても二五万は稼げる、というところに持っていけるのが多就業の利点であり、幅広くいろいろなことに取り組めるので、人としての厚みも増していくのではないだろうかと考えている」（水柿［2014］二〇一頁）。

そのような生活の仕方を、社会学者の上野千鶴子は「百姓ライフ」と名づけた。「「百姓」とは読んで字のごとく「百の姓《くさぐさかばね》」、つまり多様な職業の組み合わせのことです。気候風土に応じて、夏は稲を耕作し、冬は麦や菜種を育てる。農閑期には機織りや炭焼きをして現金収入にあて、杜氏のような専門的技術を以て出稼ぎをする」（上野［2013］三二六頁）。このような「百姓ライフ」という言葉で彼女が強調するのは、「正規雇用はこれから稀少財化する。これからはシングルインカムではなくマルチプル・インカムの時代だ」ということである。それを彼女は「持ち寄り家計」とも呼んでいる。「それは自分の収入源をひとつに限定しない、という選択肢のことです」（同上、三二七頁）。

念のために確認しておけば、「資本主義の終わり」が、ただちに経済生活の崩壊や貨幣経済の終わりを意味するわけではない。現在でも、「利潤獲得」を目指してはいない独立自営業者や専業農家も存在しているし、公務員、教員、NPO法人の専従職員など、賃金労働者ではあるが営利活動に従事しているわけではない人も多い。ただし、資本主義的生産様式が支配的な「資本主義社会」に生きている以上、そのような人々も「資本主義の終わり」と無縁でいられるわけではない。だからこそ、自分の生活は自分で守るためのさまざまな工夫がこれから必要になる、ということである。最近「脱資本主義宣言」をしたフリーライターの鶴見済は、この宣言の意味を次のように説明している。

「脱資本主義」などと言うと、「社会主義にするのか」「カネを使わないのか」「昔に戻るのか」などと極端な反論が飛んできそうだが、どれも違う。少なくとも自分は、とりあえず理想とする方向に向かってみて、その先のことはその都度考えればいいという立場だ。なぜなら、どういう社会にすべきかは、それぞれの場所によって違う答があるはずだから。
（鶴見［2012］二一四頁）

彼が主に実践しているのは「手作りのイベントと、共同運営の畑」だそうだが、彼がイベントに参加する高円寺の「素人の乱」や下北沢の「気流舎」など、「こうした店の〝界隈〟では、贈与経済とも呼ぶべき別の経済が芽生えていて、「脱資本主義」が当たり前に実践されている」（同上、二一三頁）という。

作家の佐藤優もまた、「資本主義というシステムが自壊しているプロセス」の中で「重要なのは、自分の周りで、直接的人間関係の領域、商品経済とは違う領域を、きちんと作ること」（佐藤［2014］二四一―二四二頁）だと語っている。そのうえで彼は、これから起こりうる「資本主義の暴発」をできるだけ抑える対応策として、「具体的には、労働組合、宗教団体、非営利団体などの力がつくこと、さらに読者が周囲の具体的人間関係を重視し、カネと離れた相互依存関係を形成すること（これも小さな中間団体である）で、資本主義のブラック化に歯止めをかけること」（同上、二五〇頁）を重視している。

「資本主義の終わりの始まり」の中で、「略奪による蓄積」の内部化が急速に進行していることはすでに指摘した。資本主義はますます「ブラック化」しつつある、ということである。だからこそ、「カネと離れた相互依存関係を形成する」ことで自分の生活を守りながら、同時に「資本主義のブラック化に歯止めをかける」必要がある、という佐藤の認識は、まっとうなものである。

鶴見の言う「どういう社会にすべきか」という問題に対しては、これもさまざまな答え方があるだろう。一九一三年にルクセンブルクは、資本主義世界経済の矛盾は「社会主義の原理の充用によるほかには解決されえない」(Luxemburg [1975a] S. 411. 下五六九頁)と書いた。一九六九年にフランクは、ラテンアメリカにとっての未来は「資本主義的低開発か社会主義革命か」(Frank [1969] p. 371. 二二四頁)の二者択一だと述べた。一九七三年にアミンは、「社会主義は、全地球規模でしか構想されえない」と断ったうえで、「周辺部の解放」は「同時に国民的で、人民民主主義的で、社会主義的なもの」(Amin [1973a] p. 337. 三九七頁)となるだろうと述べていた。

それに対して、「社会主義」の壮大な実験が一九八九年の東欧革命と一九九一年のソ連崩壊によって幕を閉じて以降、資本主義に代わる別の選択肢として「社会主義」という言葉が使われることはほとんどなくなった。一九九五年にウォーラーステインが提示したのは、「大部分が民主主義的で平等主義的なシステムを持ったものへと抜け出す」(Wallerstein [1995] p. 248. 三七二頁)ことだった。二〇〇九年にアリギが遺言の中で述べたのも、「社会的にもエコロジー的にも持続可能で、より公正な選択肢」としての「世界の諸文化と諸文明の相互的尊重に基づいた世界市場社会」の可能性だった(Arrighi [2010] pp. 385-386)。方向性は明らかなのだが、それらはまだ決まった名前をもっていない。

他方、ハーヴェイはもう少し具体的に、「社会的諸制度の領域で、ラディカルな平等主義がラディカルに平等主義的な形で機能するためには、所有のまったく新しい概念、すなわち私的所有の権利ではなく共同所有の権利というまったく新しい概念が必要になるだろう」(Harvey [2011] p. 233. 二八九頁)、と述べている。そう言われると大変なことのように聞こえるかもしれないが、鶴見の言う「贈与経済」や佐藤の言う「カネと離れた相互依存関係」は、すでにその一歩なのである。

そもそも「私的所有 private possessions」とは、ジョン・ロックが一六八九年の『統治二論』ではっきりと宣言したように、「他人の共有権を排除する」(Locke [1967] p. 306. 三二六頁)ことで成立するものである。だから、「私的所有の権利」とは、「私」の労働の成果を他の誰かと分かち合うことなく、独り占めにする権利にほかならない。ロックが表明したこの思想は、資本主義社会における所有の基本原理となって今日にいたっているが、このような思想を、カナダの政治学者クロフォード・マクファーソンは「独占欲の強い個人主義 possessive individualism」と名づけた(Macpherson [1962])。したがって、たとえ「私」が得たものでも、それを独り占めするのではなく、他の誰かと分かち合うこと、あるいは一緒に利用すること。それがすでに「私的=排他的」ではない、共に生きることの現れなのである(ロックの思想の歴史的意味については、植村［2015］を参照されたい)。

たとえ「独占欲の強い個人主義」がいまだに支配的な資本主義社会の中であろうと、そもそも市場での対価を求めない「助け合い」や「支え合い」がなければ、おそらく人間の社会は存続できない。まずは「資本主義から少しだけはずれる」こと、そして「共に分かち合い、共に生きる」ことのできる具体的な人間関係を身近な場所から構築していくこと。それが、もう始まっている「資本主義の終わり」と「長期にわたるシステムの混沌」の中で、少しだけ未来を先取りしながら生きていくことなのである。

あとがき

変な題名の本だと思われた方も多いと思う。『ローザの子供たち』という題名は、アメリカの思想史研究者リチャード・ウォーリンの『ハイデガーの子どもたち――アーレント／レーヴィット／ヨーナス／マルクーゼ』（村岡晋一他訳、新書館、二〇〇四年）から思いついた。意外に知られていない思想史的な影響関係を明らかにする、という点で共通点があるように思えたからである。

ただし、「ローザの子供たち」は、年齢的には子供というよりむしろ孫の世代で、ローザを直接に知ることはなく、読書を通して理論的にローザの側に立つことを選び取った人々である。それに対して、「ハイデガーの子供たち」は直接の師弟関係にある教え子たちで、しかも、多かれ少なかれ師を批判して思想的には別の立場を選び取ったにもかかわらず、無意識のうちに強い影響を受けてしまった人々だった。したがって、「子供たち」であることの意味はだいぶ異なる。ハイデガーとその「子供たち」との間には愛憎に満ちた複雑なドラマがあるが、「ローザの子供たち」にはそれはないからである。

序章で述べたように、ハンナ・アーレントはローザ・ルクセンブルクの『資本蓄積論』を高く評価していたが、彼女にとって親の世代にあたるローザは、親や師というより、むしろ自分自身を重ね合わせて投影する対象だったように思われる。他方、「ローザの子供たち」は、正統派マルクス主義者たちが批判した彼女の「資本主義世界経済」論と「本源的蓄積」論を評価し、それを発展させて「世界システム」論を構築していった。

私がこのようにローザ・ルクセンブルクと世界システム論の「四人組」とを思想史的な影響関係という視点からつなげてみようと思ったのは、実は、ルクセンブルク研究者である松岡利道さん（一九四四―二〇〇九）の仕事を振り返ってみたことがきっかけだった。

『ローザ・ルクセンブルク――方法・資本主義・戦争』（新評論、一九八八年）の著者である松岡さんにはじめてお目にかかったのは、一九九四年に私が関西大学に赴任してまもなく、同僚の若森章孝さんに誘われて参加した「社会・政治経済学研究会」の場だった。言葉遣いと物腰の穏やかさと柔らかさが、想像していた本の著者のイメージとはかなり異なっていて、意外な感じがしたのを覚えている。その頃の松岡さんの理論的関心はすでにウォーラーステインの世界システム論に向けられていて、その焦点は近代世界の構造把握とその行方の展望にあった。世界はなぜこのような姿になっているのか、それはどこに向かうのか。そして、そのような疑問に答えてくれる理論体系は何なのか。これが、松岡さんの一貫した問いだったと思う。

私たちが「社会・政治経済学研究会」で議論を重ねていた時期は、松岡さんがウォーラーステインの著書の翻訳者として活躍していた時期でもある。一九九七年に『アフター・リベラリズム――近代世界システムを支えたイデオロギーの終焉』（藤原書店）、一九九九年には『ユートピスティクス――二一世紀の歴史的選択』（藤原書店）と、その仕事は精力的だった。しかも、そのテーマは近代世界システムの行方という問題に集中している。

他方、世界システム論をふまえて松岡さんが自分自身の「近代世界」認識を展開したのが、若森章孝・松岡利道編『歴史としての資本主義――グローバリゼーションと近代認識の再考』（青木書店、一九九九年）の第一章「近代世界のジレンマ」だった。この論文集は、松岡さん自身が中心的役割を果たした「社会・政治経済学研究会」での討論の成果である。

この論文で松岡さんは、「近代世界の存在原理とは、排他性と共同性、統合するために選別するシステムの形成、外部化と内部化という相対立する契機を包含するシステムの原理」（同書、五一頁）だと指摘し、「近代世界は解決できない相対立する契機や重層的な差異構造を内包するシステムである」（同書、五四頁）ことを強調している。それが「近代世界のジレンマ」だというのである。しかし、このようなジレンマの解き方を明確には提示しないまま、この論文は終わっている。

その後、松岡さんは龍谷大学の大学院研究科長や学部長などの管理職、さらに社会思想史学会の代表幹事などの仕事に忙殺され、十分な研究時間が取れないまま二〇〇九年に急逝された。それからしばらくたって龍谷大学の研究誌で「松岡利道教授追悼号」が企画され、私も「松岡利道さんの「近代世界」認識」という追悼文を寄せた。松岡さんの問題意識への私自身の共感を説明した後、私は勢い余って、「「近代世界のジレンマ」のもつれた糸を解くという松岡さんの思想的課題は、今では遺志となってしまった。松岡さんと志を同じくする者の一人として、この思想的課題に私も自分なりにかかわり続けたいと思っている」と書いてしまった（『龍谷大学経済学論集』第五一巻第四号、二〇一二年二月、一七五頁）。これは、いわば松岡さんとの約束である。そう書いた以上、約束は果たさなければならない。

それ以降、関西大学経済学部で私が担当する「社会思想史」の講義では、「世界システムの思想史」をテーマとして、ルソー対スミスの「未開／文明」論争から始まり、マルクスとルクセンブルクを経て世界システム論へといたる世界認識の歴史をたどる試みを続けてきた。この講義の前半部分は『「近代」を支える思想――市民社会・世界史・ナショナリズム』（ナカニシヤ出版、二〇〇一年）第二章の再論である。この本では、ヨーロッパ中心主義的な「世界史」概念を批判する新たな世界認識の枠組みとして「世界システム」論に言及してはいたが、詳しい検討をすることはできなかった。

それに対して、本書は「世界システムの思想史」後半部分の講義ノートをもとにして書き下ろしたものであり、松岡さんとの約束を果たすための中間報告である。これで「近代世界のジレンマ」のもつれた糸を解くことができたとはもちろん思っていないが、それでも、近代世界システムをどう考えたらいいのか、そしてこれから私たちはどうしたらいいのか、という課題への解答の糸口はつかめたのではないかと思う。

本書の出版に際しては、前著『市民社会とは何か――基本概念の系譜』（平凡社新書、二〇一〇年）に引き続いて、平凡社編集部の松井純さんにお世話になった。心から御礼申し上げます。

二〇一六年三月一日

植村邦彦

水野和夫［2014］『資本主義の終焉と歴史の危機』集英社新書。

村田陽一［1978］編訳『コミンテルン資料集――革命的危機とコミンテルン』第1巻、大月書店。

――［1981］編訳『コミンテルン資料集――「階級対階級」戦術と世界綱領』第4巻、大月書店。

矢野久美子［2014］『ハンナ・アーレント――「戦争の世紀」を生きた政治哲学者』中公新書。

若森章孝［1993］『資本主義発展の政治経済学――接合理論からレギュラシオン理論へ』関西大学出版部。

和田春樹［1975］『マルクス・エンゲルスと革命ロシア』勁草書房。

Weber, Hermann [1966] *Die Kommunisitische Internationale: Eine Dokumentation*, herausgegeben von Hermann Weber, Hannover: J. H. W. Dietz Nachf.
Wolin, Richard [2001] *Heidegger's Children: Hannah Arendt, Karl Löwith, Hans Jonas, and Herbert Marcuse*, Princeton: Princeton University Press. 村岡晋一他訳『ハイデガーの子どもたち――アーレント／レーヴィット／ヨーナス／マルクーゼ』新書館、2004年。

飯田敬輔［2013］『経済覇権のゆくえ――米中伯仲時代と日本の針路』中公新書。

石井聡［2010］『もう一つの経済システム――東ドイツ計画経済下の企業と労働者』北海道大学出版会。

伊藤洋志［2012］『ナリワイをつくる――人生を盗まれない働き方』東京書籍。

上野千鶴子［2013］『女たちのサバイバル作戦』文春新書。

植村邦彦［2001］『マルクスを読む』青土社。

――― ［2015］「ジョン・ロック――労働が所有権を基礎づける？」、市野川容孝・渋谷望編『労働と思想』堀之内出版。

太田仁樹［1989］『レーニンの経済学』御茶の水書房。

――― ［1992］「ロシア・マルクス経済学の展開」、永井義雄編著『経済学史概説――危機と矛盾のなかの経済学』ミネルヴァ書房。

カルドーゾ、フェルナンド・エンリケ［2012］「ポルトガル語新版への序」、鈴木茂・受田宏之・宮地隆廣訳『ラテンアメリカにおける従属と発展――グローバリゼーションの歴史社会学』東京外国語大学出版会。

川北稔［1983］『工業化の歴史的前提――帝国とジェントルマン』岩波書店。

――― ［2010］『イギリス近代史講義』講談社現代新書。

近藤康太郎［2015］『おいしい資本主義』河出書房新社。

酒井角三郎・滝田修・清水多吉・向山景一・川田洋・浜田泰三・南成四［1971］『ローザ・ルクセンブルク論集』情況出版。

佐藤優［2014］『いま生きる「資本論」』新潮社。

塩川伸明［1999］『現存した社会主義――リヴァイアサンの素顔』勁草書房。

白石隆／ハウ・カロライン［2012］『中国は東アジアをどう変えるか――21世紀の新地域システム』中公新書。

杉原薫［2003］『アジア太平洋経済圏の興隆』大阪大学出版会。

ソ連邦科学院哲学研究所［1959］『哲学教程 史的唯物論１』第３分冊、森宏一・寺沢恒信訳、合同出版社。

鶴見済［2012］『脱資本主義宣言――グローバル経済が蝕む暮らし』新潮社。

中山智香子［2013］『経済ジェノサイド――フリードマンと世界経済の半世紀』平凡社新書。

速水健朗［2011］『ラーメンと愛国』講談社現代新書。

藤原章生［2012］『資本主義の「終わりの始まり」――ギリシャ、イタリアで起きていること』新潮選書。

松岡利道［1988］『ローザ・ルクセンブルク――方法・資本主義・戦争』新評論。

水柿大地［2014］『21歳男子、過疎の山村に住むことにしました』岩波ジュニア新書。

London: George Allen & Unwin. 中山伊知郎・東畑精一訳『資本主義・社会主義・民主主義』新装版、東洋経済新報社、1995年。

Stalin, Josef Wissarionowitsch [1952] *Zu den Fragen des Leninismus*, in: J. W. Stalin, *Werke*, Bd. 8, Berlin: Dietz Verlag. スターリン全集刊行会訳「レーニン主義の諸問題によせて」、『スターリン全集』第8巻、大月書店、1952年。

Wallerstein, Immanuel [1961] *Africa: The Politics of Independence*, New York: Vintage Books.

——— [1967] *Africa: The Politics of Unity. An Analysis of a Contemporary Social Movement*, New York: Random House.

——— [1972] "Social Conflict in Post-Independence Black Africa: The Concepts of Race and Status-Group Reconsidered," in Ernest Q. Campbell (ed.), *Racial Tensions and National Identity*, Nashville: Vanderbilt University Press.

——— [1974a] *The Modern World-system I: Capitalist Agriculture and the Origins of the European World-Economy in the Sixteenth Century*, San Diego & London: Academic Press. 川北稔訳『近代世界システムI——農業資本主義と「ヨーロッパ世界経済」の成立』名古屋大学出版会、2013年。

——— [1974b] "The Rise and Future Demise of the World Capitalist System: Concepts for Comparative Analysis," in: *Comparative Studies in Society and History*, Vol. 16, No. 4.

——— [1979] *The Capitalist World-Economy: Essays*, Cambridge: Cambridge University Press. 藤瀬浩司他訳『資本主義世界経済I——中核と周辺の不平等』名古屋大学出版会、1987年、日南田静真監訳『資本主義世界経済II——階級・エスニシティの不平等、国際政治』名古屋大学出版会、1987年。

——— [1980] *The Modern World-System, Vol. II: Mercantilism and the Consolidation of the European World-Economy, 1600–1750*, San Diego: Academic Press. 川北稔訳『近代世界システムII——重商主義と「ヨーロッパ世界経済」の凝集 1600–1750』名古屋大学出版会、2013年。

——— [1983] *Historical Capitalism*, London & New York: Verso. 川北稔訳『史的システムとしての資本主義』岩波現代選書、1985年。

——— [1984] *The Politics of the World-Economy: The States, the Movements and the Civilizations*, Cambridge: Cambridge University Press. 田中治男他訳『世界経済の政治学——国家・運動・文明』同文舘出版、1991年。

——— [1989] *The Modern World-System, Vol. III: The Second Era of Great Expansion of the Capitalist World-Economy, 1730s–1840s*, San Diego: Academic Press. 川北稔訳『近代世界システムIII——「資本主義的世界経済」の再拡大 1730s–1840s』名古屋大学出版会、2013年。

——— [1995] *After Liberalism*, New York: New Press. 松岡利道訳『アフター・リベラリズム——近代世界システムを支えたイデオロギーの終焉』藤原書店、1997年。

——— [2011] *The Modern World-System, Vol. IV: Centrist Liberalism Triumphant, 1789–1914*, Berkeley: University of California Press. 川北稔訳『近代世界システムIV——中道自由主義の勝利 1789–1914』名古屋大学出版会、2013年。

——— [2008] Das Kapital (Ökonomisches Manuskript 1868-1870), Zweites Buch (Manuskpirt II), in: *MEGA*, II/11, Berlin: Akademie Verlag. 岡崎次郎訳『資本論』、『マルクス・エンゲルス全集』第24巻、大月書店、1966年。

Marx, Karl und Friedrich Engels [1959a] *Manifest der Kommunistischen Partei*, in: Karl Marx und Friedrich Engels, *Werke* [*MEW*], Bd. 4, Berlin: Dietz Verlag. 水田洋訳『共産党宣言・共産主義の諸原理』講談社学術文庫、2008年。

——— [1959b] Vorrede [zur russischen Ausgabe von 1882], in: *MEW*, Bd. 4, Berlin: Dietz Verlag. 村田陽一訳「『共産党宣言』1882年ロシア語版序文」、『マルクス・エンゲルス全集』第4巻、大月書店、1960年。

McDonough, Frank [2013] "Class and politics," in: *British Cultural Identities*, edited by Mike Storry and Peter Childs, Fourth edition, London & New York: Routledge. 塩谷清人監訳『イギリスの今——文化的アイデンティティ』世界思想社、2013年。

Milanović, Branko [2011] *The Haves and The Have-Nots: A Brief and Idiosyncratic History of Global Inequality*, New York: Basic Books. 村上彩訳『不平等について——経済学と統計が語る26の話』みすず書房、2012年。

National Intelligence Council [2012] *Global Trends 2030: Alternative Worlds, a publication of the National Intelligence Council.*
http://www.dni.gov/files/documents/GlobalTrends_2030.pdf

Nkrumah, Kwame [1965] *Neocolonialism: The Last Stage of Imperialism*, London: Thomas Nelson & Sons.

Prashad, Vijay [2007] *The Darker Nations: A People's History of the Third World*, New York: The New Press. 粟飯原文子訳『褐色の世界史——第三世界とはなにか』水声社、2013年。

Prebisch, Raúl [1963] *Towards a Dynamic Development Policy for Latin America*, New York: United Nations.

——— [1964] *Towards a New Trade Policy for Development: Report by the Secretary-General of the United Nations Conference on Trade and Development*, New York: United Nations.

——— [1980] "North-South Dialogue," in: *Third World Quarterly*, Vol. 2, Issue 1, January 1980.

Preobrazhensky, Evgeny [1965] *The New Economics*, translated by Brian Pearce with an introduction by Alec Nove, Oxford: Clarendon Press. 救仁郷繁訳『新しい経済—— ソビエト経済に関する理論的分析の試み』現代思潮社、1967年。

Rostow, Walt Whitman [1990] *The Stages of Economic Growth. A Non-communist Manifesto*, Third edition, Cambridge: Cambridge University Press. 木村健康他訳『経済成長の諸段階——一つの非共産主義宣言』増補版、ダイヤモンド社、1974年。

Sauvy, Alfred [1952] Trois Mondes, Une Planète, in: *L'Observateur*, 14 août 1952, n° 118. http://www.homme-moderne.org/societe/demo/sauvy/3mondes.html

Schumpeter, Joseph [1976] *Capitalism, Socialism and Democracy*, Fifth edition,

Locke, John [1967] *Two Treatises of Government*, a critical edition by Peter Laslett, 2nd edition, Cambridge: Cambridge University Press. 加藤節訳『完訳 統治二論』岩波文庫、2010年。

Luxemburg, Rosa [1898] *Die industrielle Entwicklung Polens*, Leipzig: Duncker & Humblot. 小林勝他訳『ポーランドの産業的発展』御茶の水書房、2011年。

——— [1899] *Sozialreform oder Revolution? mit einem Anhang: Miliz und Militarismus*, Leipzig: Leipziger Volkszeitung. 喜安朗訳「社会改良か革命か」、『ローザ・ルクセンブルク選集』第1巻、現代思潮新社、2013年。

——— [1913] *Die Akkumulation des Kapitals: Ein Beitrag zur ökonomischen Erklärung des Imperialismus*, Berlin: Buchhandlung Vorwärts Paul Singer. 益田豊彦・高山洋吉訳『資本蓄積論』同人社、1927年。

——— [1925] *Einführung in die Nationalökonomie*, herausgegeben von Paul Levi, Berlin: E. Laub. 佐野文夫訳『経済学入門』叢文閣、1927年。

——— [1975a] *Die Akkumulation des Kapitals*, in: Rosa Luxemburg, *Gesammelte Werke*, Bd. 5, Berlin: Dietz Verlag. 長谷部文雄訳『資本蓄積論』上・中・下、青木文庫、1952-55年。

——— [1975b] *Einführung in die Nationalökonomie*, in: Rosa Luxemburg, *Gesammelte Werke*, Bd. 5, Berlin: Dietz Verlag. 岡崎次郎・時永淑訳『経済学入門』岩波文庫、1978年。

——— [1984] Brief an Hans Diefenbach, 8. März 1917, in: Rosa Luxemburg, *Gesammelte Briefe*, Bd. 5, Berlin: Dietz Verlag. ルイーゼ・カウツキー編『ローザ・ルクセンブルクの手紙』川口浩・松井圭子訳、岩波文庫、1963年。

Macpherson, Crawford Brough [1962] *The Political Theory of Possessive Individualism*, Oxford: Oxford University Press. 藤野渉他訳『所有的個人主義の政治理論』合同出版、1980年。

Marx, Karl [1980] *Zur Kritik der politischen Ökonomie*, in: Karl Marx und Friedrich Engels, *Gesamtausgabe* [*MEGA*], II/2, Berlin: Dietz Verlag. 杉本俊朗訳『経済学批判』、『マルクス・エンゲルス全集』第13巻、大月書店、1964年。

——— [1983] *Das Kapital: Kritik der politischen Oekonomie*, Bd.1, in: *MEGA*, II/5, Berlin: Dietz Verlag. 岡崎次郎訳『資本論』、『マルクス・エンゲルス全集』第23巻、大月書店、1965年。

——— [1985a] Premier projet de la lettre à Vera Ivanovna Zassoulitch, in: *MEGA*, I/25, Berlin: Dietz Verlag. 平田清明訳「ヴェ・イ・ザスーリチの手紙への回答の下書き 第1草稿」、『マルクス・エンゲルス全集』第19巻、大月書店、1968年。

——— [1985b] Deuxième projet de la lettre à Vera Ivanovna Zassoulitch, in: *MEGA*, I/25, Berlin: Dietz Verlag. 平田清明訳「ヴェ・イ・ザスーリチの手紙への回答の下書き 第2草稿」、『マルクス・エンゲルス全集』第19巻、大月書店、1968年。

——— [1985c] Lettre à Vera Ivanovna Zassoulitch résidant à Genève, Londres, le 8 mars 1881, in: *MEGA*, I/25, Berlin: Dietz Verlag. 平田清明訳「ヴェ・イ・ザスーリチへの手紙」、『マルクス・エンゲルス全集』第19巻、大月書店、1968年。

Review: An Independent Socialist Magazine, Vol. 18, No. 4.

——— [1967] *Capitalism and Underdevelopment in Latin America; Historical Studies of Chile and Brazil*, New York & London: Monthly Review Press. 大崎正治他訳『世界資本主義と低開発——収奪の《中枢—衛星》構造』柘植書房、1976年（Frank [1967] と Frank [1969] から代表的な論文を選んで独自に編集した日本語版）。

——— [1969] *Latin America: Underdevelopment or Revolution*, New York & London: Monthly Review Press, 1969. 大崎正治他訳『世界資本主義と低開発——収奪の《中枢—衛星》構造』柘植書房、1976年。

——— [1979] *Dependent Accumulation and Underdevelopment*, New York & London: Monthly Review Press. 吾郷健二訳『従属的蓄積と低開発』岩波書店、1980年。

Frölich, Paul [1967] *Rosa Luxemburg: Gedanke und Tat*, mit einem Nachwort von Iring Fetscher, Frankfurt am Main: Europäische Verlags Anstalt. 伊藤成彦訳『ローザ・ルクセンブルク——その生涯と思想』増補版、御茶の水書房、1998年。

Harms, Bernhard [1912] *Volkswirtschaft und Weltwirtschaft: Versuch der Begründung einer Weltwirtschaftslehre*, Jena: Gustav Fischer.

Harootunian, Harry [2004] *The Empire's New Clothes: Paradigm Lost, and Regained*, Chicago: Prickly Paradigm Press. 平野克弥訳『アメリカ〈帝国〉の現在——イデオロギーの守護者たち』みすず書房、2014年。

Harvey, David [2010] *A Companion to Marx's Capital*, London & New York: Verso. 森田成也・中村好孝訳『〈資本論〉入門』作品社、2011年。

——— [2011] *The Enigma of Capital and the Crises of Capitalism*, with a New Afterword, Oxford: Oxford University Press. 森田成也他訳『資本の〈謎〉——世界金融恐慌と21世紀資本主義』作品社、2012年。

Komintern [1984] *Die Kommunistische Internationale, Bd.I: Manifeste, Leitsätze, Thesen und Resolutionen. 1. und 2. Weltkongreß 1919/1920*, Köln: Wolfgang Drörge.

Laclau, Ernesto [1971] "Feudalism and Capitalism in Latin America," in: *New Left Review*, No. 67, May-June 1971.

Lazzarato, Maurizio [2011] *La fabrique de l'homme endetté: Essai sur la condition néolibérale*, Paris: Éditions Amsterdam. 杉村昌昭訳『〈借金人間〉製造工場——"負債"の政治経済学』作品社、2012年。

Lenin, Wladimir Iljitsch [1960] *Der Imperialismus als höchstes Stadium des Kapitalismus*, in: Wladimir Iljitsch Lenin, *Werke*, Bd. 22, Berlin: Dietz Verlag. 角田安正訳『帝国主義論』光文社古典新訳文庫、2006年。

——— [1961] Über den Staat: Vorlesung an der Swerdlow-Universität, 11. Juli 1919, in: Wladimir Iljitsch Lenin, *Werke*, Bd. 29, Berlin: Dietz Verlag. マルクス＝レーニン主義研究所訳「国家について」、『レーニン全集』第29巻、大月書店、1958年。

Lévi-Strauss, Claude [1952] *Race et histoire*, Paris: Unesco. 荒川幾男訳『人種と歴史』みすず書房、1970年。

Arrighi, Giovanni and John S. Saul [1973] *Essays on the Political Economy of Africa*, New York: Monthly Review Press.
Balibar, Étienne [2001] *Nous, Citoyens d'Europe? Les frontières, l'État, le peuple*, Paris: La Découverte. 松葉祥一・亀井大輔訳『ヨーロッパ市民とは誰か――境界・国家・民衆』平凡社、2007年。
Balibar, Étienne and Immanuel Wallerstein [1991] *Race, Nation, Class: Ambiguous Identities*, London & New York: Verso. 若森章孝他訳『人種・国民・階級――「民族」という曖昧なアイデンティティ』唯学書房、2014年。
Bergman, Jay [1983] *Vera Zasulich: A Biography*, Stanford, Calif.: Stanford University Press. 和田あき子訳『ヴェーラ・ザスーリチ――ロシア女性革命家の生涯』三嶺書房、1986年。
Brynjolfsson, Erik and Andrew McAfee [2011] *Race Against The Machine: How the Digital Revolution Is Accelerating Innovation, Driving Productivity, and Irreversibly Transforming Employment and the Economy*, LaVergne, Tennessee: Lightning Source. 村井章子訳『機械との競争』日経 BP 社、2013年。
Bucharin, Nikolai [1922] *Oekonomik der Transformationsperiode*, autorisierte Uebertragung aus dem Russischen von Frida Rubiner, Hamburg: Verlag der Kommunistischen Internationale, Auslieferungsstelle für Deutschland: Carl Hoym Nachf. 救仁郷繁訳『過渡期経済論――転形過程の一般理論』現代思潮社、1969年。
――― [1929] *Imperialismus und Weltwirtschaft*, Wien/Berlin: Verlag für Literatur und Politik. 西田勲・佐藤博訳『世界経済と帝国主義――ブハーリン著作選３』現代思潮社、1970年。
Bucharin, Nikolai und Evgeny Preobraschensky [1920] *Das ABC des Kommunismus: populäre Erläuterung des Programms der Kommunistischen Partei Russlands (Bolschewiki)*, Wien: Verlag der Kommunistischen Partei Deutsch-Österreichs. 早川二郎訳『共産主義の ABC』上・下、イスクラ閣、1929年。
Cardoso, Frenando Henrique y Enzo Faletto [2003] *Dependencia y Desarrollo en América Latina: Ensayo de Interpretación sociológica*, Buenos Aires: Siglo Veintiuno Editores Argentina. 鈴木茂・受田宏之・宮地隆廣訳『ラテンアメリカにおける従属と発展――グローバリゼーションの歴史社会学』東京外国語大学出版会、2012年。
Degras, Jane [1956] *The Communist International 1919–1943*, Documents selected and edited by Jane Degras, Vol. 1, Oxford: Oxford University Press.
Dietzel, Heinrich [1900] *Weltwirtschaft und Volkswirtschaft*, Dresden: Zahn und Jaensch.
Emmanuel, Arghiri [1969] *L'échange inégal: Essais sur les antagonismes dans les rapports économiques internationaux*, Paris: François Maspero.
Engler, Wolfgang [1995] *Die ungewollte Moderne: Ost-West-Passagen*, Frankfurt am Main: Suhrkamp.
Frank, Andre Gunder [1966] "The Development of Underdevelopment," in: *Monthly*

参照文献

Amin, Samir [1971] *L'accumulation à l'échelle mondiale: Critique de la théorie du sous-développement*, 2ème edition, Paris: Éditions Anthropos. 野口祐・原田金一郎訳『世界的規模における資本蓄積』全3冊、柘植書房、1979-1981年。

——— [1973a] *Le développement inégal: Essai sur les formations sociales du capitalisme périphérique*, Paris: Minuit. 西川潤訳『不均等発展』東洋経済新報社、1983年。

——— [1973b] *L'échange inégal et la loi de la valeur: La fin d'un débat*, Paris: Éditions Anthropos-IDEP. 花崎皋平訳『不等価交換と価値法則』亜紀書房、1979年。

——— [2005] "A Note on the Death of André Gunder Frank (1929-2005)," translated from the French by Shane Mage, in: *Monthly Review: An Independent Socialist Magazine*, Vol. 57, No. 2.

——— [2015] *Mémoires: L'éveil du Sud*, Paris: Les Indes savants.

Amin, Samir, Giovanni Arrighi, André Gunder Frank, et Immanuel Wallerstein [1982] *La crise, quelle crise?* Paris: Maspéro-La Découverte.

——— [1990] *Transforming the Revolution: Social Movements and the World-system*, New York: Monthly Review Press.

Arendt, Hannah [1963] *Eichmann in Jerusalem: A Report on the Banality of Evil*, New York: Viking. 大久保和郎訳『イェルサレムのアイヒマン——悪の陳腐さについての報告』みすず書房、1969年。

——— [1968] *Men in Dark Times*, New York: Harcourt, Brace & World, Inc. 阿部齊訳『暗い時代の人々』ちくま学芸文庫、2005年。

——— [1986] *Elemente und Ursprünge totaler Herrschaft*, München: Piper. 大島通義・大島かおり訳『全体主義の起原2—— 帝国主義』みすず書房、1972年。

Arrighi, Giovanni [1966] "The Political Economy of Rhodesia," in: *New Left Review*, I/39, September-October 1966.

——— [1970] "Labour Supplies in Historical Perspective: A Study of the Proletarianization of the African Peasantry in Rhodesia," in: *The Journal of Development Studies*, vol. 6, issue 3.

——— [1978] *La Geometria dell'imperialismo*, Milano: Feltrinelli.

——— [2007] *Adam Smith in Beijing: Lineages of the Twenty-First Century*, London & New York: Verso. 中山智香子他訳『北京のアダム・スミス——21世紀の諸系譜』作品社、2011年。

——— [2010] *The Long Twentieth Century: Money, Power and the Origins of our Times*, New and updated edition, London & New York: Verso. 土佐弘之監訳『長い20世紀——資本、権力、そして現代の系譜』作品社、2009年。

松岡利道（1944-2009）……48
マティス、ジョニー（Johnny Mathis, 1935- ）……72
マルクス、カール（Karl Marx, 1818-1883）
……11, 15, 19-33, 35-37, 48, 49, 57, 60, 64, 68, 71, 73, 74, 99, 129-132, 198
水柿大地（1989- ）……212
水野和夫（1953- ）……206, 207
ミラノヴィッチ、ブランコ（Branko Milanović, 1953- ）……208-210
モーロ、アルド（Aldo Moro, 1916-1978）……169

ヤ行

矢野久美子（1964- ）……8, 9

ラ行

ラクラウ、エルネスト（Ernesto Laclau, 1935-2014）……97-99
ラッツァラート、マウリツィオ（Maurizio Lazzarato, 1955- ）……203
リープクネヒト、カール（Karl Liebknecht, 1871-1919）……18
リャザーノフ、ダヴィッド（David Borisovich Ryazanov, 1870-1938）……31
ルクセンブルク、ローザ（Rosa Luxemburg, 1871-1919）……
8-12, 14, 15, 18, 19, 21-25, 27, 28, 31-41, 43, 44, 46-49, 52, 55, 57, 60, 62-65, 68, 83, 98-100, 111, 112, 116, 130, 138, 141, 142, 147, 170, 198, 199, 215
レヴィ、パウル（Paul Levi, 1883-1930）……40
レヴィ＝ストロース、クロード（Claude Lévi-Strauss, 1908-2009）……152
レーニン、ウラジミール（Vladimir Ilich Uliyanov Lenin, 1870-1924）
……13, 52, 56, 60, 61, 63, 64, 66, 68, 73, 111, 128, 129, 132
ロストウ、ウォルト（Walt Whitman Rostow, 1916-2003）……70-73, 75-77, 80, 129
ロック、ジョン（John Locke, 1632-1704）……216

ン

ンクルマ、クワメ（Kwame Nkrumah, 1909-1972）……84, 85

スコヴァ、バーバラ（Barbara Sukowa, 1950- ）……8
スターリン、ヨシフ（Iosif Vissarionovich Dze Jugashvili Stalin, 1878-1953）……66, 68, 112
ソーヴィ、アルフレッド（Alfred Sauvy, 1898-1990）……80

タ行

鶴見済（1964- ）……213, 215, 216
ディーツェル、ハインリヒ（Heinrich Dietzel, 1857-1935）……43
ディーフェンバッハ、ハンス（Hans Diefenbach, 1884-1917）……12
トレポフ、ドミトリー（Dmitrii Fyodorovich Trepov, 1855-1906）……30
トロツキー、レフ（Lev Davidovich Bronstein Trotsky, 1879-1940）……52, 55, 112, 129
トロッタ、マーガレッテ・フォン（Margarethe von Trotta, 1942- ）……8

ナ行

ネグリ、アントニオ（Antonio Negri, 1933- ）……169

ハ行

ハーヴェイ、デヴィッド（David Harvey, 1935- ）……198-202, 207, 215
バリバール、エティエンヌ（Étienne Balibar, 1942- ）……152, 154-159, 210
ハルトゥーニアン、ハリー（Harry D. Harootunian, 1929- ）……77
ハルムス、ベルンハルト（Bernhard Harms, 1876-1939）……43, 56
ピノチェト、アウグスト（Augusto José Ramón Pinochet Ugarte, 1915-2006）……87
ファレット、エンソ（Enzo Faletto, 1935-2003）……101
フォード、ヘンリー（Henry Ford, 1863-1947）……75, 76
藤原章生（1961- ）……204
ブハーリン、ニコライ（Nikolai Ivanovich Bukharin, 1888-1938）……53, 55-63, 65, 67, 68, 111, 112, 138, 170
プラシャド、ヴィジャイ（Vijay Prashad, 1967頃- ）……85
フランク、アンドレ・グンダー（Andre Gunder Frank, 1929-2005）……64, 65, 86-101, 103, 104, 108, 109, 116, 138, 140, 145, 168, 170, 215
ブランコ、ウンベルト（Humberto de Alencar Castelo Branco, 1897-1967）……100
フリードマン、ミルトン（Milton Friedman, 1912-2006）……86, 87
プレオブラジェンスキー、エフゲニー（Evgeniy Alekseevich Preobrazhenskiy, 1886-1937）……112-114
プレハーノフ、ゲオルギー（Georgij Valentinovich Plekhanov, 1856-1918）……30
プレビッシュ、ラウル（Raúl Prebisch, 1901-1986）……80-88, 100, 101, 110, 138, 143, 145, 175

マ行

マクファーソン、クロフォード（Crawford Brough Macpherson, 1911-1987）……216

人名索引

ア行

アイヒマン、アドルフ（Adolf Otto Eichmann, 1906-1962）……8, 13, 14
アジェンデ、サルバドール（Salvador Allende, 1908-1973）……87
アブドゥル＝ナーセル、ガマール（Gamal Abdel Nasser, 1918-1970）……108
アミン、サミール（Samir Amin, 1931- ）……62, 63, 87, 88, 101, 108-112, 114-117, 119, 120, 122-134, 136, 138, 140, 141, 145, 148, 149, 168, 170, 198, 208, 215
アリギ、ジョヴァンニ（Giovanni Arrighi, 1937-2009）……115, 116, 165, 168-172, 174-179, 181-186, 189-195, 198, 201, 215
アーレント、ハンナ（Hannah Arendt, 1906-1975）……8-15, 39
飯田敬輔（1960- ）……193-195
伊藤洋志（1979- ）……212
上野千鶴子（1948- ）……212
ウォーラーステイン、イマニュエル（Immanuel Wallerstein, 1930- ）……44, 99, 100, 109, 138-149, 151-154, 156-165, 169, 170, 172, 174-176, 187, 190, 198, 201, 202, 215
エマニュエル、アルジリ（Arghiri Emmanuel, 1911-2001）……110
エングラー、ヴォルフガング（Wolfgang Engler, 1952- ）……205
エンゲルス、フリードリヒ（Friedrich Engels, 1820-1895）……31
太田仁樹（1950- ）……61

カ行

カルドーゾ、フェルナンド・エンリケ（Fernando Henrique Cardoso, 1931- ）……100-106, 108, 117, 119, 138, 148
川北稔（1940- ）……207, 208
ケネディ、ジョン・F.（John Fitzgerald Kennedy, 1917-1963）……70
近藤康太郎（1963- ）……211

サ行

ザスーリチ、ヴェーラ（Vera Ivanovna Zasulich, 1849-1919）……30, 31
佐藤優（1960- ）……214, 216
塩川伸明（1948- ）……205
シナトラ、フランク（Frank Sinatra, 1915-1998）……72
習近平（Xí Jìnpíng, 1953- ）……195
シュンペーター、ヨーゼフ（Joseph Alois Schumpeter, 1883-1950）……170, 187-189
白石隆（1950- ）……192, 193
杉原薫（1948- ）……191

著者略歴
植村邦彦（うえむら・くにひこ）
1952年愛知県生まれ。一橋大学大学院博士課程修了（社会学博士）。現在、関西大学経済学部教授。専門は社会思想史。著書に、『マルクスを読む』（青土社）、『「近代」を支える思想――市民社会・世界史・ナショナリズム』『アジアは〈アジア的〉か』（以上、ナカニシヤ出版）、『マルクスのアクチュアリティ――マルクスを再読する意味』（新泉社）、『市民社会とは何か――基本概念の系譜』（平凡社新書）、訳書に、マルクス『ルイ・ボナパルトのブリュメール18日 初版』（平凡社ライブラリー）など。

ローザの子供たち、あるいは資本主義の不可能性
世界システムの思想史

2016年6月15日　初版第1刷発行

著　者　植村邦彦
発行者　西田裕一
発行所　株式会社 平凡社
〒101-0051 東京都千代田区神田神保町3-29
電話 03-3230-6579（編集）
03-3230-6573（営業）
振替 00180-0-29639
装幀者　間村俊一
ＤＴＰ　平凡社制作
印　刷　藤原印刷株式会社
製　本　大口製本印刷株式会社

落丁・乱丁本のお取替は小社読者サービス係までお送りください（送料小社負担）
平凡社ホームページ　http://www.heibonsha.co.jp/

ISBN978-4-582-70352-8　C0010
NDC分類番号133　四六判（19.4cm）　総ページ232